総本山第六十七世日顕上人猊下御講義

近現代における戒壇問題の経緯と真義

発刊にあたって

このたび、総本山第六十八世御法主日如上人猊下のお許しを得て、本書を発刊することにいたしました。

御師範・第六十七世日顕上人は、平成十六年八月に開催された、第五十三回全国教師講習会において、近現代における戒壇問題の経緯と真義について、甚深の御講義をなされました。

この御講義では、宗門と創価学会および妙信講（顕正会）との関係のなかから生じた、国立戒壇の問題、正本堂の意義付けの問題、創価学会破門の背景等、そのあらましを時系列で解説されました。

御師範上人は、第六十六世日達上人の御下では宗務院教学部長として奉職され、さらに御登座ののちは直接の当事者として、これら多くの問題に対処なされました。

この御講義は、御師範上人が御当職中にあって一切を鑑みられ、特に歴史の流れの上から本宗の戒壇の意義について総括されたものです。近現代における本門戒壇の意義に関する論議と、大聖人御遺命《ゆいめい》の戒壇の本義を正しく拝する上で、たいへん尊い御教示です。

宗内の各位には、創価学会・顕正会等の邪義破折のため、日顕上人御著『百六箇種脱対見拝述記　改訂版』（第三十九「三十九、脱益の説所と戒壇の本迹」「四十二、下種の弘通戒壇実勝の本迹」および「戒壇関係記述の要略」）、ならびに『三大秘法義』（各説「第二章　本門の戒壇」）に御教示の戒壇論と併せて本書を熟読し、折伏弘通に邁進していただければ幸いに存じます。

最後に、このたびの発刊に際し、改めて再治を賜った御師範上人猊下、また多大な御尽力をいただいた宗務院教学部、大日蓮出版の関係各位に心から御礼申し上げます。

平成三十一年二月十六日

日顕上人御指南集編集委員会

目　次

凡　例

一、本書は『大日蓮』誌の平成十六年十一月号・同年十二月号に掲載された、「第五十三回 全国教師講習会」（平成十六年八月二十六日）における、総本山第六十七世日顕上人猊下の御講義に再治を賜った上で収録したものである。

二、編集者の責任において、句点や用字等を適宜、改めた。また必要に応じて読み仮名と註を付し、付録として略年表を加えた。

〈引用文献略称〉

御　書——平成新編日蓮大聖人御書（大石寺版）

はじめに

本年度の講義内容については、昨年に引き続いて『百六箇対見之記《ひゃくろっかたいけんのき》』に関してお話ししようと考えていたのであります。けれども、ここにおいでになる皆さんのなかには最近、若い人も非常に増えてきておりますし、終戦以来の宗門の流れとか歴史というようなことに、直接的には当たっていない人も多いと思いますので、けじめをつけるという意味からも、今年は『百六箇対見之記』の講義をやめまして、大聖人様の御法門のなかの、特に「戒壇《かいだん》」ということについてお話ししたいと思います。

この戒壇ということの内容は、実際問題の上において色々と表れてきて、そのあとの色々な経過があって、そのなかから現在の宗門の姿があるわけです。この戒壇の意義においては、例えば「正本堂《しょうほんどう》が解体されてなくなったから、それで戒壇の意義は全くなくなった」などと言うのはとんでもない話で、大聖人様の三大秘法の教えは未来永劫に、我々がこれを拝しつつ、実践をしていかなければならないのであります。その面からも、いわゆる大聖人様の一期《いちご》の御化導を拝するなかで、戒壇ということに関しての終戦後の流れを、特に若い人は色々と知らない人もかなりあると思うのです。そういうことも考えながら、申し述べてみたいと思います。

一、戒壇の意義と「国立戒壇」の語について

1、三大秘法の名目と日蓮大聖人の戒に関する御教示

まず、大聖人様の一期の御化導における肝要は三大秘法でありますが、このうちで宗旨《しゅうし》建立《こんりゅう》以来、自らもお唱えあそばされ、衆生《しゅじょう》をも導かれたのが本門の題目であります。さらに、本門の題目の上から法華経を身に当ててお振る舞いあそばすところの在り方から、それが佐渡における本尊の開顕となるのであります。そして最後に戒壇という御指南があるのですが、そもそも大聖人様が三大秘法の名目を明らかにお示しになったのは、佐渡からお帰りになって身延に入られ、直《ただ》ちに御著作になった『法華取要抄』であり、そこにおいて初めて、

「本門の本尊と戒壇と題目」（御書　七三六ジペー）

という名目を顕されたのであります。もっとも、その前に『法華行者値難事』の追申（御

書七二〇㌻）において、ややそれに近い、三大秘法の内容と思われる御指南がありますが、これはあくまで追申でありますから、正規の著述という上からは、まだ本門の三大秘法の名目をはっきり示されていないのです。

つまり『開目抄』にも『観心本尊抄』にも示されていないのであり、この名目をはっきり顕されるのが『法華取要抄』であります。もちろん、三大秘法のなかの特に本門の本尊における人本尊《にんほんぞん》、法本尊の意義については、既に佐渡の国で開観両抄ほか、様々な重大御書のなかにお示しになっておるのですが、ただ三大秘法中の戒壇ということに関しては具体的には何もないのです。

しかし、また一期の御化導から拝しますと、大聖人様が二十一歳の時に、一番最初に著《あらわ》されたのが『戒体即身成仏義』であり、戒についてお示しになっているのであります。これには実に不思議な意味を感ずるのです。そのすぐあとに『戒法門』の御法門もありますが、これはもう少し一般的な意味を持っておるのであり、そのあとはほとんどが、戒定慧《かいじょうえ》のうちの定慧の法門が芯になって、ずっとお示しになっておると思われます。

さらに戒壇については、今言いました『法華取要抄』以降において、本門の本尊・戒壇・題目という三大秘法の名目を挙げられた御指南があります。ところが『法華取要抄』にも、さらには三大秘法のうちの本尊と題目の内容をはっきり述べられた『報恩抄』においても、ただ、

「本門の戒壇」（同　一〇三六ジペー）

とお示しになっているだけで、戒壇の内容については全くお示しになっておられません。弘安期に入って『本門戒体抄』という御書があるけれども、これは受戒のほうからの本門の意義を戒体として述べられておるわけですから、直ちに法体の戒壇ということの御指南とはまた少し違うのです。もちろん戒壇で戒を受けるわけだから、当然、関係はあるけれども、特に戒壇そのものの法門という意味ではないのです。

また『教行証御書』は建治三（一二七七）年にお示しの御書ですが、これは良観が特に戒ということを言っておるので、その良観を破折し、対応する意味から、大聖人様の御化導中の戒ということをおっしゃっております。特に、有名な「金剛宝器戒」の御文（御書一一〇九ジペー）を示されて、本門の妙法蓮華経の戒が最高の戒であるということが述べられておるのであります。しかし、これは受持即持戒ということからして、定慧の二法が広ま

れば、受持即持戒が本門の法体の上に、その功徳が明らかに成ぜられるのです。したがって、その意味からは、戒法を受持する場所がそのまま戒壇であるということが拝せられるのであります。

ところが、大聖人様は個人個人の成仏ということだけでなく、法界一切衆生の成仏ということを上から、当時の在り方として、南都六宗の時には聖武《しょうむ》天皇と鑑真《がんじん》和尚《わじょう》、それから桓武《かんむ》天皇と伝教大師《でんぎょうだいし》というような意味をさらに進めたところの、本門における国主と僧侶という関係からの教導においての戒壇の在り方を示されておるのであります。

2、戒壇における事相について

(一)『富木殿御返事』の御教示

そこで戒壇ということが、ほかの本尊や題目と違う意味は、特に大聖人様の御法門においては「事相」ということが存するのであります。

文永十（一二七三）年七月六日の『富木殿御返事』のなかに、元は漢文でありますが、
「伝教大師御本意の円宗《えんしゅう》を日本に弘めんとす。但《ただ》し定慧《じょうえ》は存生に之《これ》を弘め円戒は死後に之を顕はせり。事相たる故に一重の大難之有るか」（御書　六七九ジペー）
という御文があります。これは伝教大師のことを示されておる御文ですが、この前の所とあとの所は、ともに大聖人様御自身の御弘通の上からの妙法蓮華経の御法門をお示しになっており、この御文はそれらに挟まれているのです。なぜ、ここで唐突《とうとつ》に伝教大師に関する文が出てくるのかということは、この文を拝してみると、その意義を拝する読み方に、ある深さを感ずるのです。

すなわち、この御文は漢文のため、「伝教大師」と「御本意」の送りがなについては、今までに色々な付け方がありました。古いところで『高祖遺文録』(1)は「伝教大師御本意円宗ヲ…」とあって、「師」と「意」の下の送りがなはありません。日蓮宗の『昭和定本』(2)と宗門の『昭和新定』(3)は「伝教大師御本意ノ…」となっており、「師」の下の送りがなは付けていないのです。『縮冊遺文』(4)は「伝教大師ノ御本意ノ…」と両所が「ノ」になっており、また創価学会から出した総本山第五十九世の堀日亭上人編『御書全集』(5)も、初めは

「伝教大師の御本意の」となっておりましたが、のちに「伝教大師は」と改めております。つまり前後の文との関連から「伝教大師の御本意の円宗を…」と読むと、「大聖人様が、伝教大師の御本意であったところの円宗を日本に弘めんとされた」という意味で、大聖人様のお立場にも通ずる意味をおっしゃっておるようにも取れるわけです。ところが「伝教大師は御本意の円宗を日本に弘めんとす」ということになると、これは、前後は大聖人様御自身の弘通のことをおっしゃっておるけれども、この部分だけはあくまで伝教大師のことを特別に挙げられていることになります。

宗門で出しておる信徒用の御書、いわゆる『平成新編御書』(6)(※第三刷まで)のなかでは、ここは「伝教大師は」としております。これでもよいとは思いますが、私としては『昭和新定』『昭和定本』と同じく、むしろ「伝教大師御本意の円宗を日本に弘めんとす」というように、「伝教大師」のあとには「の」も「は」も付けない読み方もよいのではないかと思うのです。これならば、伝教大師が弘められ、また日蓮がこの意義をもって三大秘法の上の戒の法門を弘めるのである、という両方の意味に取れるのではないかと拝するわけであります(7)。

それはともかく、私がここで何を言わんとしているかというと、ここの御文に「事相たる故に一重の大難之有るか」ということをおっしゃっておるのです。たしかに、皆さんも御承知のように、戒壇は事相であります。事相ということは、実際の問題なのです。

現在、仏教においてありとあらゆる宗旨の著述が無数にありますが、それがどんなに難しい法門でも、また広く深い法門でも、法門の法理というのはみんな、内容的には定と慧になるのです。それに対して、戒の本義を具体的に顕そうとすると、これは事相ということになるから、実際の問題なのです。

ただ単に口で言うだけなら、どんなことでも言えます。まことに逆《さか》しまなことを、さも本当のような形で言うことだって、理屈としては言えるわけです。しかし、実際に戒を顕すということにおいては、事相という実際の問題としてのこととなりますが、いい加減なことでは済まされない、つまり、はっきりとした形でなければならないということであります。

(1) 高祖遺文録 一五―一

(2) 昭和定本日蓮聖人遺文　一―七四三ジペー
(3) 昭和新定日蓮大聖人御書　二―九九九ジペー
(4) 霊艮閣版　日蓮聖人御遺文（縮冊遺文録）　九七九ジペー
(5) 日蓮大聖人御書全集　九六三ジペー
(6) 平成新編日蓮大聖人御書（第三刷）　六七九ジペー
(7) この御講義を受け、第四刷以降は「伝教大師御本意の円宗を日本に弘めんとす」と改訂された。

(二)　国情と時代背景

(1)　日本における小乗・法華迹門の戒壇

例えば、御承知のように、伝教大師は迹門の戒壇を建立《こんりゅう》しようとして勅許《ちょっきょ》を願ったけれども、当時は国主である天皇の許しがなければ、そういう戒壇を建てることができなかったのであり、したがって、南都六宗の反対に遭《あ》って、在世中には結局、建立できなかった。そして伝教大師の滅後七日を経て嵯峨《さが》天皇より勅許が下り、天長四（八二七）年、第五十三代淳和《じゅんな》天皇の時に、伝教大師の弟子の義真が叡山《えいざん》の座主として、やっと大乗円頓《えんどん》戒壇を建立できたということであります。

それより前に出来た小乗の三戒壇は、第四十五代聖武天皇の勅によって東大寺の戒壇が建立され、また天平宝字五（七六一）年に、第四十七代淳仁《じゅんにん》天皇の勅によって建立された下野《しもつけ》の薬師寺と筑紫《つくし》の観世音寺《かんぜおんじ》の戒壇、これを天下の三戒壇と言ったわけです。もちろん、これは一番最初に日本国に出来た、国で定めた戒壇であります。

⑵　『三大秘法抄』と『日蓮一期弘法付嘱書』

さて、大聖人様が戒壇ということをはっきりおっしゃったのは『三大秘法抄』の、

「戒壇とは、王法仏法に冥《みょう》じ、仏法王法に合して、王臣一同に本門の三秘密の法を持《たも》ちて」云々（御書　一五九五ジペー）

という有名な御文です。この所に「王法仏法に冥じ、仏法王法に合」するというところから王法と仏法の関係が、はっきり述べられておるわけです。もう一つは『日蓮一期弘法付《いちごぐほうふ》嘱書《ぞくしょ》』で、

「日蓮一期の弘法、白蓮阿闍梨《びゃくれんあじゃり》日興に之《これ》を付嘱す、本門弘通の大導師たるべきなり。国主此《こ》の法を立てらるれば、富士山に本門寺の戒壇を建立せらるべきなり」

（同　一六七五ジペー）

というなかに「国主」という語があるのですが、今まで言ったように、小乗の戒壇、大乗円頓の戒壇は国主の、つまりその当時としての国主は天皇だったわけですから、天皇の勅命があって初めて建てることができたという意味があります。鎌倉時代には、やはりそのような在り方の上から当然、戒壇を勝手に造るということはできない意味もあったし、また当時は、天皇だけが政治をするのではなく、実質的には鎌倉幕府というのが存在したのです。その上から、当時は特に将軍の御教書《みぎょうしょ》というような形もあったようでありますが、

『三大秘法抄』においては、

「勅宣《ちょくせん》並びに御教書」（同　一五九五ジペー）

ということをおっしゃっておるわけです。要するに、天皇が定めているところの法の処置乃至《ないし》、裁断という意味を含めての王法ということ、あるいは国主ということをおっしゃっておると思うのであります。

(3) 憲法における主権の変遷と信教の立場

それから時代がだんだんと移り変わってきて、明治維新になったのです。そして明治二十二(一八八九)年二月十一日に大日本帝国憲法が発布されたのでありますが、これは欽定《きんてい》憲法、いわゆる天皇の命令によって決められた憲法なのです。徳川時代には幕府が決めたことがあり、またさらに藩が自分に都合のよいような意味でその国ごとに法令を作って、色々な実情において国民生活は縛られていた面が非常に多かったわけであります。しかし明治に入って、いわゆる自由民権という考え方等も色々あり、自由ということが非常にはっきりしたわけです。

まず、明治憲法では居住と移転の自由というのがあります。これは、どこに住んでもよいということで、それ以前は、どこかに勝手に住むことは無宿人か、あるいは旅人のような者でなければできなかったということもあります。また信書の秘密の自由があり、所有権の自由があります。

そして一番大事なのが、信教の自由ということが明治欽定憲法では示されておるのです。何を信じてもよい。昔は寺請《てらうけ》制度というのがあり、その寺ごとに人別帳があるものだから、そこから離れて勝手に宗旨を変えることが不自由だったのです。そういうような意味からも、明治の憲法において信教の自由が謳《うた》われたというところに、「自分は今まで念仏を信仰したけれども、今度は南無妙法蓮華経を信仰しよう」ということが自由にできるようになったのです。そういう点では、明治の憲法によい意味があったわけです。

故に、法難ということもなくなったのです。徳川時代には、宗門でもたくさんの法難がありました。これはみんな、信教の自由がそれぞれの藩のなかにおいて閉ざされていたということから来ているのです。

そのほかにも言論の自由、著作の自由、印刷発行の自由、集会の自由、結社の自由と、みんなも知っているだろうけれども、こういう自由が欽定憲法においてはっきり示されて、明治以降、民権の意味がある程度、謳われたわけであります。

そして戦後の日本国憲法、いわゆる新憲法が昭和二十一（一九四六）年十一月三日に公布されました。この時に改正された新憲法と明治憲法との一番違うところというのは、明治憲法では天皇主権であり、国民に自由はあったけれども、あくまで天皇に主権があるという次第でありました。ところが新憲法のほうでは、国民に主権があるということになったのです。そこに大きな違いがある。

(三)「国立戒壇」の語について

(1) 成り立ちの背景

さて、こういうことが今まで宗門のなかで色々と論議されてきた戒壇に関する考え方に、非常に大きな影響を与えておるのです。すなわち「国立戒壇」という語がありますが、この「国立戒壇」という考え方は天皇主権という明治憲法が背景になっているのであります。天皇主権ですから、もし天皇がその気になって、私はこの信仰をするということになれば、国教にすることだって可能だったかもしれません。実際にはならなかったので、そういうことになったときに、どういうようなことが起こるか判りませんが、あるいはずいぶん反対も起こり、大変なことにもなったかもしれないけれども、一往、制度の上では天皇主権だから、それができないとは言えないのです。言えば、できる可能性が充分あったわけだから、そういうことのなかから、天皇の法華信仰によって皆帰《かいき》妙法が日本国に行える可能性はあった。そこで、これを言ったのが「国立戒壇」という語であります。

これを、浅井昭衛が率いるところの妙信講、現在の顕正会においては、徹底して「国立戒壇」を言っているのです。彼らは絶対に「国立戒壇」でなければ、大聖人様の仏法に照らして間違っているのだと言うのです。そこで、こういうことは若い人も割に知らない意味もあるのではないかと思い、今回、これについて話をしようと思ったのであります。

(2) 明治時代以前

この「国立戒壇」という名称を、総本山第六十六世日達上人も、この問題が起こってからずいぶんたくさん、あらゆる機会に御指南あそばされましたが、要するに大聖人様の御書のなかに、直接に「国立戒壇」という語はどこにもないのです。

ただ最後の『一期弘法抄』において、

「国主此の法を立てらるれば」（御書　一六七五ページ）

という御文があります。この「国主」の語には人格的な意味があるが、「国」の上から人格的な意味を示すと、結局、天皇になるのであり、国が立てるというのと、国主が立てるということは、実際には意味が違ってくるのです。むしろ、あの御文から拝するならば、「国立」でなく「国主立」と言うほうが、内容的には適切ではないかという意味もあります。まして、宗門の御先師の方々が大聖人様の三大秘法の御法門について色々な面から述べられておるけれども、「国立」という語をおっしゃった方は、明治以前は一人もいないのです。今も文庫に御先師の文献がたくさんあるけれども、どこを探しても、御先師が「国立」ということをおっしゃっておる文はありません。

(3) 田中智学による提唱

これは要するに、明治十四年四月に田中智学が国柱会の元となる結社を作ったのですが、これが日蓮宗から出て、在家仏教的な形から大聖人様の仏法の一分を宣揚《せんよう》しようとしたわけです。そこで同三十六年に講義をした「本化妙宗式目」というのがあり、そのなかに「宗旨三秘」を説くなかの「第六科　戒壇の事理」という内容があるのです。その第一項が「即是道場理壇」で、第二項には「勅命国立事壇」というのがあって、理壇と事壇、いわゆる事壇のほうは「事の戒法」と言われるところの『三大秘法抄』の意義を取ったのでしょう。それが勅命であり、国立戒壇だということを初めて言ったのです(8)。

そして、そこには事壇の出来る条件として、まず大詔《たいしょう》が渙発《かんぱつ》されると言うのです。天皇の勅令が発せられると一国が同帰になる。つまり、ありとあらゆる宗旨がいっぱいあるけれども、この意見からするならば、一国がことごとく妙法に帰する。しかも政教一致であると標榜《ひょうぼう》しておるのであります。さらに国家の統一を中心として、その一大勢力を作って世界の思想・宗教を妙法化せしめるということを言っておるのです。また「国立」という語も、明治維新後、日本の国体の尊厳意識と惟神《かんながら》的国家思想が鼓吹《こすい》されて盛んになったことに付随し、発生したもので、明治より前には国が設立し維持管理するという着想はなかったと思われます。そういう意味から、国柱会が初めて「国立戒壇」という語を言い出したわけであります。

（8）田中智学『妙宗式目講義録』四―二六三七～二六五二ページ

(4) 宗内における使用例

① 戦前

それでは我が宗門でも「国立戒壇」ということを言っていたかというと、国柱会の田中智学よりかなりあとで、そのような表現をされているのです。つまり明治に田中智学が言い出しました。しかし、総本山第五十六世日應上人の文中には拝することができないと思われます。また、総本山第五十八世日柱上人が当時の出版文書に色々と大聖人様の御法門を述べられたけれども、そのなかにも見当たらないのです。

これは、大正後期から昭和にかけて出てくるのです。このいきさつというのは、当時、田中智学が国柱会の前に標榜していた蓮華会というのがあって、それと宗門の御先師の方とが法論をしたのです。『富士宗学要集』(七―一五五〜三〇五ページ)には、その横浜問答の顛末《てんまつ》が載っていますので、読んだ人もあるでしょう。ずいぶん往復の問答があるのです。私も若いころに読んだけれども、その内容はほとんど本尊論で、戒壇論には全く触れられていないのです。

けれども、それからあとに、また他門との問答があったのです。その問答のなかで「国立戒壇では何を御本尊にするのだ」という内容になった時に、向こうは「その時になって決めればよいのだ」などと色々なことを言ったのですが、こちらはきちんと「国立戒壇というものはとにかく、正規の戒壇を国家において造るときには、本門戒壇の御本尊様を安置しなければならない」ということを述べて、その論議の時に向こうが「国立戒壇」ということを言ったわけなのです。その論議においては「国立戒壇」という語に主眼があったのではなく、御本尊をどうするかということが、その内容だったのだけれども、向こうがその意味において使ったものを、こちらも使ってしまったわけです。そういうことから、宗門のなかでも「国立戒壇」という名称が出てきたわけであります(9)。

そこで、少なくとも昭和二十年の終戦以前は、要するに欽定憲法だったわけですから、あくまで天皇主権なのです。したがって「国立戒壇」ということを論ずるには、どうしても天皇の許可を得るということが一番の根本・中心になるということの考え方だったのです。そのような状況のなかで、「国立戒壇」ということは、宗門では昭和二年に、総本山第六十五世日淳上人が二十八歳の時におっしゃっております(10)。だから当然、御登座なさるずっと前の、まだ若い青年僧侶のころのことで、御登座されてからおっしゃっているということではないのです。ただ、そのような在り方のなかで、向こうがまず「国立戒壇」ということを御本尊に関してのなかで言ったから、こちらもそれに対応した形で「国立戒壇」という言葉を使ったというようなことだと思われます。

また、日亨上人は大正十一（一九二二）年に著された『日蓮正宗綱要』(11)と昭和四年の『富士大石寺案内』(12)において、国立戒壇ということをおっしゃっております。いずれも戦前ですから当然、欽定憲法下における天皇の裁可による国立であるということをお考えになっていたと思うのです。

(9)『国立戒壇論の誤りについて』　七～九ページ
大日蓮　昭和四七年七月号　三三～三五ページ　参照

(10) 日淳上人「富士一跡門徒存知事の文に就いて」　大日蓮　昭和二年七月号　三〇、三一ページ
日淳上人全集下　一二〇八、一二一一ページ

(11) 日亨上人『日蓮正宗綱要』　四〇、九三、一四四ページ等

(12) 日亨上人『富士大石寺案内』　一三、三三ページ

②　戦　後

それから時代が進んで終戦後には、先程も言ったような形での新憲法が公布になり、国民主権となるわけです。それと同時に、今度の新憲法においては、明治欽定憲法でははっきりしていなかった政教分離ということが、憲法第二十条ではっきり示されているのです。政教分離だから、政治の上からは、絶対に宗教に関与してはならない。そして宗教もまた、政治を利用してはならない。政治と宗教は全く別個のものとして、はっきり切り離さなければならないということが今の憲法なのです。

それからいくと、国民主権になっているのだから、田中智学が言ったような形での戒壇建立のため、天皇が裁可・決定するということは絶対にできないわけで、やはりこれは国民の総意でなければならないということになります。それからもう一つは、政教分離ですから、国教にするというようなことは、今の憲法下においては絶対にできないのです。

ただ浅井は、みんなが信仰するようになれば、その時に憲法を改正すればよいというようなことを言っているようです[13]。もちろん、そのようになれば憲法改正ということも理論的にできないことはないでしょうけれども、しかし、その元として、「国が立てる」というところの「国」というものが、「王法」ということの解釈から言って、はたしてどうなのかという問題があるのです。この王法ということについては、あとからも出てくるけれども、浅井の問題や色々なことがあって、『三大秘法抄』の王法をどのように考えればよいか、宗門でも色々な解釈をしたのです。浅井は、王法というのはあくまで国の統治主権であり、その統治主権においてこの王法があって、それと仏法とが一つになるということだと言うのです。

ところが、民衆立を主張し、正本堂を事の戒壇、御遺命《ゆいめい》の戒壇というところにまで持っていこうとした池田大作の間違った野心からすると、それでは絶対に困るのです。だから王法は、政治や経済、教育など、国民生活全般のありとあらゆるものを含んだ内容だというようなことを言っているわけです。要するに、それは必ずしも天皇によるのではないということです。また実際に、この憲法が出来た以上は、天皇の力ということでは絶対にできない。それも憲法が改正されて昔のようになれば別だけれども、現在はそういう次第であります。

そこでおもしろいのは、戸田城聖という創価学会第二代会長になった人がいました。この創価学会というのは、そもそも牧口初代会長が創価教育学会というものを初めに作ったのです。それが戦後において宗教法人を取得して、創価学会という宗教法人の形になったわけです。その前は創価教育学会という一つの集まりで、別に法人でもなければ宗教的なものでもなかったのです。ただ、その考え方が、利・善・美という哲学だったのです。とにかく牧口氏は非常にまじめな人で、戦前において自分でかなり折伏をしたのです。

つまり牧口氏は『大善生活実証録』というものも出版して、大善ということは日蓮大聖人の仏法だというようなことでやっていました。そして皆さんも知っているとおり、昭和十八年に特高警察に捕まって、そのあと巣鴨の東京拘置所で亡くなったわけです。

そして、牧口氏の弟子であると同時に最大の理解者でもあり、跡を継いだのが戸田城聖という人で、昔は城外と言って、城聖と言うようになったのは少しあとからです。この人も捕まって拘置所に入っていたのだけれども、終戦直前に解放されて出てきたわけでありあります。そして昭和二十五年十一月十二日の創価学会第五回総会の時、国立戒壇を仏勅《ぶっちょく》であると初めて述べた記録があります(14)。次は昭和二十六年五月三日、常泉寺で創価学会の会長就任式があり、この時にはこういうことを言っているのです。

「牧口先生は、謹厳実直な方で、わたくしとは性格が正反対で、夜なかにいたるまで先頭に立って折伏をつづけられ、会員は後の方で、ヤアヤアと掛け声ばかりであった」（戸田城聖先生講演集上　五一ページ）

つまり、牧口氏は御自分でどんどん折伏をやるから、会員は後ろのほうで掛け声をかけていて、あまり折伏をやらなかったというような意味です。そして、この次に言っているのがおもしろいのですが、

「わたくしは、先生とは反対に、後に立って、みなさんを指揮し、広宣流布に邁進《まいしん》したい」（同ページ）

だから私は、自分よりおまえさんたちに折伏をやらせるということを、ここで言っているのです。

ところが、その次に、

「天皇に御本尊様を持たせ、一日も早く、御教書《みぎょうしょ》を出せば、広宣流布ができると思っている人があるが、まったくバカげた考え方で、今日《こんにち》の広宣流布は、ひとりひとりが邪教と取り組んで、国中の一人一人を折伏し、みんなに、御本尊様を持たせること

だ。こうすることによって、はじめて国立の戒壇ができるのである」（同ジペー）と言っている。これは昭和二十六年だから戦後のことですので、当然、戸田氏は新憲法の意味を知っていて、その上から言ったことだと思うのであります。だから、ここでの方法論としては戦後の憲法の内容を言っているわけなのです。けれども、昔から来たところの国立という、田中智学が言い出した名称だけは一人歩きしているような形で存在していたわけです。

また、そのころ「国立戒壇」ということは、日亨上人が昭和二十五年に学会の書物のなかでお書きになっております[15]。特に同二十六年の五月三日に戸田城聖氏が、今挙げた「国立戒壇」に関する発言をしたけれども、その内容は、昔のような天皇主権による天皇の許可ということではもちろんなく、国民の一人ひとりが主権者であるという背景からの折伏ということを言っているのであります。この辺は時代が違ってきているわけです。戸田氏は、このあとも講演や論文で二十回ほども「国立戒壇」に言及しております。

それから、昭和二十六年には、日亨上人が『大白蓮華』に載った「富士日興上人詳伝」のなかで、「国立戒壇」とお書きになっておる[16]。

また、昭和三十年十一月二十三日に、奉安殿が落成しますが、その落成式の慶讃文で総本山第六十四世日昇上人は「国立戒壇」とおっしゃっています。[17]
また昭和三十年に池田大作が初めて国立戒壇の話を言い[18]、同三十一年四月一日には時を同じくして戸田城聖氏と池田大作が「国立戒壇」に言及しておるのであります。[19] さらに同年の五月一日と五月三日に、戸田・池田両名がそれぞれ述べている。[20] そして同年八月、十一月、同三十二年六月一日に、戸田城聖氏が「国立戒壇」の意義を述べておるけれど[21]も、先程も言いましたように、大聖人の仰せの戒壇についての見方として国立と言うけれども、名前だけなのです。既に戦後の創価学会の再建の時に、天皇陛下の建立ではないということを言っているのであり、ただ国立という名称だけがずっと使われていたのです。
また昭和三十二年十二月十六日に池田大作がやはりこれを言っておりますが[22]、これもおそらく戸田氏の考え方に基づいて、池田も当然、天皇のことではないという意味で言っていたわけであります。それで同三十三年四月二日に戸田城聖氏が亡くなって、四月三日には池田大作が「国立戒壇」という上から不開門《あかずのもん》を開くのだということを言っているのです。[23] そして同年五月一日、五月十八日、十二月七日と、ずっとこの「国立戒壇」ということを言っておるのであります。[24] そこでは「国立戒壇」を言っておるけれども、これは一人ひとりの納得の戒壇であり、国教ということではないと述べておるのです。これは戸田氏の考え方をそのまま受けておると思われます。

この間、宗門の方《かた》はあまりおっしゃっていないけれども、昭和三十四年の一月一日に、日淳上人が新年の挨拶のなかでおっしゃっております。[25] そして同日、池田大作も「国立戒壇」を言っております。[26] また、六月四日、「国立戒壇」建立のための参議院の選挙戦に勝利した旨を称揚しています。[27]

さらに昭和三十五年の一月一日には日達上人がやはり「国立戒壇」ということをおっしゃっておる。[28] 日達上人はあまり「国立戒壇」ということをおっしゃっていないのだが、この時に初めて「国立戒壇」を標榜されておるのです。でも、こういうのはおもしろいもので、「国立戒壇」の語は田中智学が言い出して、先程も言いましたように天皇主権のものとの内容だったのですが、戦後においてはそうではなくて、民衆の上からの国立という形で、ずっと語だけが一人歩きしてきたということであります。

それから昭和三十五年六月一日に『大白蓮華』の女子青年部共同研究の「戒壇の研

究(29)」、同三十六年四月六日には日達上人がまたおっしゃっておる。(30)あとは、小泉隆とか秋谷城永（栄之助）とかが色々と言っておるわけ(31)ですが、そういう形であります。

(13) 浅井昭衛　富士　平成二年五・六月号　八八、一三七㌻
(14) 戸田城聖　大白蓮華　昭和二六年一月号　一七㌻
(15) 日亨上人「日蓮各教団の概観」　大白蓮華　昭和二五年一〇月号　五㌻
(16) 日亨上人「富士日興上人詳伝」　大白蓮華　昭和二六年七月号　五㌻
『富士日興上人詳伝』　二六六㌻
(17) 日昇上人「奉安殿落成式慶讃文」　大日蓮　昭和三〇年一二月号　一四㌻
(18) 池田大作　聖教新聞　昭和三〇年一一月二〇日付
(19) 戸田城聖「巻頭言　広宣流布と文化活動（二）」　大白蓮華　昭和三一年四月号　一㌻
池田大作「奉安殿建立とその意義」　同　昭和三一年四月号　一六㌻
(20) 戸田城聖「巻頭言　広宣流布と文化活動（三）」　大白蓮華　昭和三一年五月号　一㌻
池田大作　聖教新聞　昭和三一年五月一三日付
(21) 戸田城聖「巻頭言　王仏冥合論（一）」　大白蓮華　昭和三一年八月号　一㌻
「巻頭言　王仏冥合論（四）」　同　昭和三一年一一月号　一㌻
「巻頭言　受持」　同　昭和三二年六月号　一㌻
(22) 池田大作　聖教新聞　昭和三二年一二月二〇日付
(23) 池田大作　聖教新聞　昭和三三年四月四日付

(24) 池田大作「会長先生と青年部」　大白蓮華　昭和三三年五月号　九、一〇ページ
聖教新聞　昭和三三年五月二三日付
同　昭和三三年一二月一二日付

(25) 日淳上人「御慶」　大日蓮　昭和三四年一月号　二ページ
日淳上人全集下　一六三七ページ

(26) 池田大作「国立戒壇の建立とわれら学会員の行く手」
大白蓮華　昭和三四年一月号　一〇ページ

(27) 池田大作　聖教新聞　昭和三四年六月一二日付

(28) 日達上人「慶春」　大日蓮　昭和三五年一月号　二ページ
「頌春」　大白蓮華　昭和三五年一月号　巻頭ページ

(29) 女子青年部共同研究「末法の本門戒壇論」　大白蓮華　昭和三五年六月号　七四～八一ページ

(30) 日達上人「報恩抄御説法」　大日蓮　昭和三六年五月号　一五ページ
日達上人全集　一―一―四〇八ページ

(31) 小泉隆「法華経の文により事と義の戒壇を説明せよ」
大白蓮華　昭和三七年二月号　二二ページ
秋谷城永「三大秘法抄に説かれた王仏冥合の原理（2）」　同　昭和三八年一月号　五〇ページ

二、正本堂と諸問題

1、正本堂の名称について

さて、正本堂はすでに解体されているけれども、やはりこれまでの経過のうち、一つの流れとしてあるので触れたいと思います。皆さん、正本堂の名称は一体どこから来ておると思いますか。

これは、まず『百六箇抄』に、

「下種の弘通戒壇実勝の本迹　三箇の秘法建立の勝地は富士山本門寺の本堂なり」

（御書　一六九九ページ）

という御文がある。この御指南が、宗門においては戒壇建立に関する一つの基本をなしておると思うのです。

これは日淳上人や日達上人の御指南もありましたが、叡山とは全く違っておる意味があるのです[32]。叡山の場合は根本中堂というのが中心にあり、あれが本堂で、戒壇堂は別なのです。根本中堂よりもずっと小さいもので、それが僧侶が受戒する所であります。南都の小乗の戒壇に対する大乗円頓《えんどん》の戒壇と言っても、そういう意味での特別な戒壇堂というのがあったのです。

ところが、この『百六箇抄』の御文からすれば、「三箇の秘法」だから、これは戒壇も当然、含むわけです。また、その戒壇は「富士山本門寺の本堂なり」ということだから、本堂がそのまま戒壇であるということ、要するに、これは事の戒法ということがそのまま戒壇の意義を持つことの上からも、根本の御本尊様がおわしますところの本堂がそのまま戒壇の堂であるということです。それが「富士山本門寺の本堂なり」という御指南で、これが『百六箇抄』にあるのであります。

けれども、これはまだ本堂であって「正」が付いていないのです。どこで正が付いたかというと、宗門の文献においては、昭和三十年の十月に日淳上人がおっしゃられたのが初めだと思うのです[33]。これは当時、高田聖泉という人が『興尊雪冤《せつえん》録』というのを著して、宗門の在り方などを色々と間違って書いたのです。そのなかでは、叡山の在り方を中心に考えたのだろうが、あくまで戒壇ということからすれば戒壇院だと誤解して言っております。つまり先程言った、直ちに本堂という考え方がないから、そのように考えたと思うのですが、そういう意味で日淳上人がこの『興尊雪冤録』を破折している文章（※『初心者への指針　高田聖泉氏の「興尊雪冤録」の妄説を破す』）のなかに、

「今日蓮正宗で申してをる戒壇の御本尊とは、本門寺の正本堂に安置し奉る御本尊である」（日淳上人全集下　一四五六ページ）

と、初めて「本門寺の正本堂」という言葉が出てくるのです。これは明らかに広布の事相に約してのものであります。

そこで私が思うには、日寛上人が『立正安国論』の「立正」の両字に「三箇の秘法（三大秘法）を含む」と言われておるように、「正」の字を本門の戒壇としてみたとき、「正」とは「一の止まる所」、すなわち閻浮第一の本尊、本門戒壇の大御本尊が止住するという意義が拝されます。また先程の「富士山本門寺の本堂なり」という根本の御教示から、日淳上人は、本堂にはそのまま正しい本尊を安置するという上において「正」という字を付けるべきであるとお考えになり、正本堂という名称としてお示しになったのが一番

最初だと思われるのであります。

それから、戸田城聖氏の著述のなかで、正本堂ということは一カ所も出てこないのですが、昭和二十八年五月十日付の『聖教新聞』の「名字の言」、昭和三十年五月十五日付の『聖教新聞』の「寸鉄」、昭和三十年十月九日付の『聖教新聞』の「名字の言」には、「正本堂」と記されているのです。これは、おそらく当時、よく日淳上人より御教導を賜っていた戸田城聖氏が、その使命感から広布を実現したいとの志を持って記事にしたものではないかと思われます。

このように日淳上人の仰せや、当時の『聖教新聞』に見える「正本堂」は、あくまで未来広宣流布の暁の本門寺の戒壇のことなのであります。

また、日達上人のお言葉(34)のなかで、戸田城聖氏の話として、正本堂は御影堂の後ろに建立したい、もしなんだったら地下道を造ってもよいのではないか、などと日達上人に話されたことを仰せられています。そのことが事実上、具体化されなかったことも述べられていますが、これも当時の状況を考えますと、戸田氏の生前の話は、御先師の御指南を拝しつつ奉安殿建立の前後に、一天広布を見据えた未来の展望を話したものではないかと思うのであります。

(32) 日淳上人「日蓮大聖人の教義」　大日蓮　昭和二五年一〇月号　二ページ
日淳上人全集下　九八三ページ
日達上人「第一回正本堂建設委員会」　大日蓮　昭和四〇年三月号　一〇ページ
日達上人全集　一―三―三九三ページ

(33) 日淳上人『初心者への指針　高田聖泉氏の「興尊雪寃録」の妄説を破す』
二二、二七、四六ページ
日淳上人全集下　一四五六、一四六三、一四八四ページ

(34) 日達上人「第一回正本堂建設委員会」　大日蓮　昭和四〇年三月号　九～一二ページ
日達上人全集　一―三―三九二～三九五ページ

2、正本堂の建立発願に関して

ところで、実際の建物として正本堂を建立する意思を表明したのは池田大作でありま
す。池田は昭和三十四年一月一日に、

「国立戒壇建立の際には、大御本尊様が奉安殿より、正本堂へお出ましになることは必定と思う」（大白蓮華　昭和三四年一月号　一〇ページ）

と述べています。

なお、池田の過去の日記には、昭和三十二年十月十二日の、

「広布の総仕上げの、第一歩たる、正本堂」（若き日の日記　四―五四ページ）

との記述、翌三十三年七月三十一日の、

「七年後……大客殿建立。また七年後……正本堂の建設」（同　五―三五ページ）

との記述があり、これが本当なら、池田が正本堂と述べた初出となります。

ただ、実際にはっきりと発言したのは先の昭和三十四年の一月一日で、次に昭和三十五年の四月四日に、戸田氏の遺言で正本堂を造れと言われたということを池田が言っている

次第であります。[35] その直後の五月三日には池田が第三代会長に就任しています。

なお、同三十七年の九月一日に、学会の幹部で森田一哉という者が、当時の宗門の庶務部長であった早瀬道應師(観妙院日慈上人)に、正本堂とは一体どういうことですかと聞いているのです。その時に早瀬庶務部長は「これはあくまで御法主上人猊下の御胸中におわしますことである。我々が簡単に話をすることではない」というような意味の返答をされています。[36] これは当然のことであります。つまり、このころ学会の幹部たちは正本堂の名称について、あまりはっきりしていなかったと思われます。

そして昭和三十九年に大客殿が出来たのですが、その年の五月三日に池田大作が、次の七年間で正本堂を建てよというのが戸田氏の遺言だと発言します。[37] つまり、あとの七年ということは昭和四十六年になるわけで、それを目指すと言っているのです。

それから、昭和三十九年五月二十六日付の『聖教新聞』には龍年光《りゅうとしみつ》氏(※のちに法華講員となった)の話のなかに、

「(池田)先生は『(中略)今度の正本堂は、いよいよ本門の戒壇となるのですから、その御供養を真剣にした人は成仏疑いない』とおっしゃっております」

とあり、また辻武寿も昭和四十年一月度の本部幹部会で、

「正本堂は御影堂の後ろあたりに建てられ、大御本尊様がお出ましになり、実質上の戒壇の建立になるとうかがっております」（聖教新聞　昭和四〇年一月二六日付）

と述べています。このように学会のなかでは、すでに具体的な建物としての正本堂の建立が本門の戒壇の建立となるという話が始まっていたのです。

ところが、昭和四十年の二月十六日に第一回の正本堂建設委員会があったのですが、それまでの間、日達上人は公には正本堂ということを全然おっしゃっていないのです。また、この会合でも、池田が色々なことを言い、戸田氏の遺言であるということも言っているけれども、この点については非常に慎重を期せられたと思うのであります。そのようなことで、正本堂建設委員会の挨拶のなかで、日達上人は、

「池田会長の意志により、正本堂寄進のお話がありましたが、心から喜んでそのご寄進を受けたいと思います」（大日蓮　昭和四〇年三月号九ページ）

と、「正本堂」という言葉を初めて使われて、しかもそれを寄進すると言うから受けると言われたのです。このお言葉は、そのあとずっと長い文が続くのだけれども、今は省略し

ます。ちなみに、日達上人はこの挨拶のなかで、「正本堂」という言葉を十二回ほどもおっしゃっているのです。

そして、正本堂の寄進を受けるという意味から、正本堂の色々な在り方を初めて述べられておるわけだが、今この御文を拝してみても、この時に特に正本堂が大聖人様の御遺命の戒壇であるというような、はっきりとした意義を示すお言葉があったとは、私には思えない。だが学会では、日達上人が第一回正本堂建設委員会で、正本堂が実質的な戒壇だということをおっしゃったと言っているのです。しかし、あの文を拝すると、はたしてそこまで言えるかと思うのです。

例えば、そのお言葉のなかで、

「まだ謗法の人が多いので、広宣流布の暁《あかつき》をもって公開申し上げるのであります。ゆえに正本堂とはいっても、おしまいしてある意義から、御開扉等の仕方はいままでと同じでであります。したがって形式のうえからいっても、正本堂の中でも須弥壇《しゅみだん》は、蔵の中に安置申し上げる形になると思うのでございます」（同　一一ジペー）

とおっしゃっています。これは、正本堂が完成してもまだ広宣流布の達成ではなく、御開

扉は内拝であるということです。また、

「将来もっと大きく考えて、この地に大正本堂ができたならば」（同　一二ページ）

ともおっしゃっています。正本堂ができたとしてもいまだ御遺命の達成ではなく、将来の「大正本堂」こそが本門寺の戒壇であり御遺命の戒壇であると仰せられているのです。

このように色々な意味のことをおっしゃっているのですが、とにかく、日達上人が正本堂という名称をはっきり示されたのは、正本堂を寄進したいという池田の言葉を受ける形でおっしゃったように拝せられるのです。そして、それまでの間、自ら先に「正本堂」ということをおっしゃってはいない、そういう在り方があったわけであります。

こうして、初めは広布の事相に約した御遺命の本門の戒壇義の上から使用されていた「正本堂」という言葉が、その後の広布の進展と池田の発言により、次第に具体的な建物の名称として使われるようになった流れがあったのです。さらにこれ以後は、宗門のあらゆる所で、色々な文献、色々な発言に無数に出てくるのであります。

ですから、本門戒壇の本義としての「正本堂」と、あの建物としての「正本堂」をきちんと立て分けて認識しておくことも必要なのです。

(35) 池田大作　聖教新聞　昭和三五年四月八日付
(36) 早瀬道應・森田一哉「座談会　総本山大石寺の今と昔」大白蓮華　昭和三七年九月号　四一ジペー
(37) 池田大作　聖教新聞　昭和三九年五月五日付

3、正本堂の意義付けの経過と諸問題

㈠　戸田城聖氏の戒壇観と池田大作の発言の遷移

さて、戸田氏は昭和三十年の三月二十五日には、当時、宗会議長だった市川真道師へ、鉄筋コンクリート製の近代的宝蔵（奉安殿）と大客殿の建立寄進を請願しております[38]。そのあと、戸田氏は亡くなるまで、ずっと「国立戒壇」と言ってはいるけれども、国主というのはあくまで民衆であり、日本中の人なのだと言っておりました。これはたしかに憲法が昭和二十二年以降そうなっておりますから、そのことを言っておるわけです。

そして昭和三十九年四月一日に池田が初めて、『三大秘法抄』の事の戒壇の時が来たということを言っておる[39]。さらにその次の日には「本門の時代」ということを言い出したのですが[40]、これは記憶のある人もいるでしょう。また「化儀の広宣流布」「王仏冥合達成の総仕上げの戦い」ということも言い出しています。

同年六月三十日には、おもしろいことを言っている。これも本当か、うそかは判らない

のだが、「本尊流布は豆腐で、戒壇建立はおからであり、カスのようなものだと、戸田先生が何度もおっしゃった」と言うのです。(41)これはもし、言ったとすれば、戸田氏は、昔だったら天皇が一人信仰して、その力で一国全部を信仰させればよいのだけれども、現在の主権在民の上からすれば国民全体が信仰しなければならない。そうなると、どうしても本尊流布が大事になるということから、本尊流布が豆腐なのだという意味のことを言ったのかもしれない。したがって、むしろ内容的には、本尊を流布してみんなが幸せになるのが豆腐であって、それに対して戒壇建立はその結果であるから、戒壇建立はおからであり、カスのようなものだと言ったのかもしれません。

戸田氏は色々な面で意表を突いたことを言う人だから、例えば「我々は車引きだ」と言ったこともある。(42)我々は折伏した人を引いて御本尊様のもとに御案内するのだというようなことを言ったかと思うと、今度は「御本尊様は幸福製造機だ」と言ったこともありました。(43)みんなも覚えがあるでしょう。とにかく色々なことを言う人でした。けれども信心は、池田とはもう一つ違った深さがあったと、私は確信しています。

さて、豆腐とおからの話を受けて、池田は、戒壇建立はほんの形式で、石碑《せきひ》のようなも

のだと言って、さらに、

「したがって、従の従の問題、形式の形式の問題と考えてさしつかえない」

（聖教新聞　昭和三九年七月二日付）

と、そこまで戒壇建立をさげすんで言っているのです。そうかと思うと、その次からは戒壇建立に執われて、「本門戒壇建立の成就される時こそ、三千年の仏教史における最も重大な時」と言い[44]、大聖人様の御遺命が達成された意味を諸処に言い出し、そこにたいへん執われていたのです。

そこで、昭和四十年一月一日に日達上人もおっしゃっておりますが[45]、池田がしょっちゅう利用して使っていた言葉がある。それは日達上人が池田に「もう広宣流布だな」ということをおっしゃったというものです。けれども私は、日達上人がそのようにおっしゃったのは、いわゆる大聖人様の御遺命が全部、達成するという意味ではなく、大略的な意味からだと思うのです。それはたしかに、あのころは折伏が進み、信徒の増加が著しかった形の上からの在り方、そして折伏の指揮を執っておる池田会長に対する苦労をねぎらう意味、また今後の激励の意味も含めて、そのようなことをおっしゃったと思うのです。それを池田は「日達上人がこうおっしゃったんですから…」と、その言葉を取って、それをさらに強い意味において色々な面で利用したのであります。

例えば、先程言った第一回正本堂建設委員会の日達上人のお言葉ですが、これを、

「日達上人猊下から、正本堂の建立は実質的な戒壇建立と同じ意義をもつ旨の重大なお話があった」（同　昭和四〇年二月二〇日付）

というように、『聖教新聞』で発表しているのです。それから、正本堂建設委員会で作った「御供養趣意書」（昭和四十年三月二十六日）においても、

「かねてより、正本堂建立は、実質的な戒壇建立であり、広宣流布の達成であるとうけたまわっていたことが、ここに明らかになった」

（大日蓮　昭和四〇年五月号一四ページ《ペ ジ》）

と書いて、昭和四十年四月八日付の『聖教新聞』に載せてある。この「実質的な戒壇建立」もそうであるが、「広宣流布の達成」というところからも、これらの言は、日達上人の第一回正本堂建設委員会のお言葉には見られないが、既に広布達成という考え方が先走った在り方として出てきておるのであります。

そこで昭和四十年の四月六日には、宗門でも大石菊寿師が、

「正本堂は、実質において、まさに本門戒旦堂の建立となった」

（同　昭和四〇年九月号一八ジペー）

と述べている。ここにそのお弟子方もいるだろうが、この方は福岡の霑妙寺の住職を長い間されていた方で、百日説法をするというぐらい、お説法が実に熱心な方でありました。病気になってからも必ず説法したということも聞いているように、とにかくお説法を一生懸命なさる方だったのです。それで私が登座してから大石菊寿師を能化に昇進させたのですが、その時に常に説法していた方であったから「常説院」と院号を付けたのです。そうしたら、私はそれまで日号を知らなかったのですが、大石師の日号が「日法」だったのです。院号と日号の意味がぴたりと一致し、うまくできているものだと思いましたが、それはともかく、大石師の例からしても、宗門の全体が学会のそのような考えの在り方に、ずっと引きずられていったような意味があるのです。

(38) 戸田城聖「請願書」（市川真道宗会議長宛）　大日蓮　昭和三〇年四月号　一七ジペー

(39) 池田大作　大日蓮　昭和三九年五月号　四六ページ
(40) 池田大作　聖教新聞　昭和三九年四月四日付
(41) 池田大作　聖教新聞　昭和三九年七月二日付
(42) 戸田城聖　戸田城聖先生講演集上　二九〜三一ページ
(43) 戸田城聖　聖教新聞　昭和二八年九月二七日付
(44) 池田大作「撰時抄講義　序」　日蓮大聖人御書十大部講義　六—二ページ
(45) 日達上人「今や広宣流布」　大白蓮華　昭和四〇年一月号　八ページ
日達上人全集　一—三—四八四ページ

(二) 浅井昭衛の発言の変遷と矛盾

これに対して、浅井はこの当時、昭和四十年五月二十五日には、千載一遇の時だから全講を挙げて御供養するということを言っております。(46)

現在、浅井が色々言っているけれども矛盾点があるのです。一つは昭和六十一年八月に、「昭和四十年の御供養趣意書の当時は、まだ誑惑《おうわく》が顕著でなく、少なくとも管長猊下は一言も正本堂を御遺命の事の戒壇などとは言わず、もっぱら戒壇の大御本尊を安置し奉る建物であることだけを強調された故に御供養に参加したのだ（取意）」

（富士　昭和六一年八月号五三ジペー）

と言っているのです。また事実、先程も言ったように、第一回正本堂建設委員会における日達上人のお言葉をずっと拝見してみると、広宣流布の上に信徒が非常に増えたことからこのような堂を造るという意味の御指南ではもちろんあるけれども、それが直ちに御遺命の戒壇というようにおっしゃっているとは、私にはどうも感じられないのです。

ところが、昭和五十二年八月には「仏教の破壊者 ― 池田大作を裁く」という記事で、「昭和四十年二月十六日、正本堂建設委員会において同上人（※日達上人）は、正本堂が御遺命の戒壇に当る旨の説法をされた」（同　昭和五二年八月号六ジペー）

ということで、逆に攻撃しているのであります。(47)そうすると、同じお言葉に対して、片方ではこのようなことは言っていないと言っていて、もう片方では、そのようなことを言っていると攻撃しているのだから、浅井が口からでまかせを言っていると言えるぐらい、全く反対のことを言っているのです。

それはともかく、日達上人もこれからあとの御発言のなかでは、創価学会が広宣流布に向かって進んでいく姿、また正本堂を御供養するという姿を御覧あそばされて、その意義の上から、大聖人の御遺命の戒壇建設の方向に向かって進んでおるというような意味での色々なお言葉が拝せられるわけであります。それを浅井は取り上げて、最後は日達上人もが御遺命違背の法主だということを言って、ついでに私のことも徹底的に悪口を言っているのです。

(46) 浅井昭衛　富士　昭和四〇年七月号　八㌻

(47) この記事は、『宝石』昭和五二年九月号に掲載した特別手記「池田大作――仏法の破壊者を裁く」から転載したもの。

(三) 創価学会と妙信講への宗門の対応

最近、浅井が出した本でも、日達上人の悪口をさんざん言ったあと、また私の悪口を言っているのですが[48]、この当時、浅井の問題に関連した形で宗門と学会とが、日達上人の御指南を承りつつ、どうしてもやらざるをえなかったのが正本堂の意義付けということでありました。私は当時、教学部長をしていたものだから結局、このことについて私が書くことになってしまい、昭和四十七年に『国立戒壇論の誤りについて』という本を出版したのです。また、そのあとさらに、これは少しあとになるが、昭和五十一年に『本門事の戒壇の本義』というものを、内容的にはやや共通しているものがありますが、出版しました。しかし、これらは全部、正本堂に関連していることであり、その理由があって書いたのです。つまり正本堂の意義付けを含め、田中智学とうり二つの浅井の考え方を破り、また本来の在り方をも示しつつ、さらに創価学会の考え方の行き過ぎをも、やや訂正をするというように、色々と複雑な内容で書いたわけであります。

このなかで『国立戒壇論の誤りについて』を読んだ人は手を挙げてみなさい。一往、四分の一ぐらいの人が読んでいるようだね。では次に『本門事の戒壇の本義』を読んだ人は手を挙げてください。これは、なお少ないようです。なぜ、このようなことを私が言っているのかというと、現在、私が一往こうして当職を汚させていただいておることもあるので、教学部長時代とはいえ、書いた二書のなかにはどうしても当時、創価学会が正本堂の意義付けに狂奔《きょうほん》し、その関係者からの強力な要請もあって、本書の趣旨からすれば行き過ぎが何点かあったようにも、今となっては思うのです。これらはあとで触れますが、これらに関しては日達上人も池田創価学会の強引な姿勢と、その一方での広布前進の相より慰《い》撫《ぶ》と激励にたいへん苦心をされた結果、縦容《しょうよう》のお言葉も拝せられるのです。

そのころ池田は、正本堂が御遺命の戒壇で、御遺命の達成であると、そのものずばり言っておりました。[49] 学会のほうでは正本堂が『三大秘法抄』の戒壇そのものであると言っていたのです。それに対して、浅井から色々と横槍がたくさん出てきたのですが、この時、浅井は一往、捨て身の考え方で抗議したということは言えると思います。しかし、その色々な面において、「国立戒壇」ということを言い出しているわけで、その浅井の「国立戒壇」の主張は何かと言えば、先程言った田中智学の内容なのです。

たしかに明治欽定憲法の時代だったならば、そういう可能性もあっただろうけれども、今の憲法下では絶対にありえないことです。まして天皇の国事行為は憲法に規定されていて、こと宗教に関する限りにおいては全然、法律で定められた権限がない。政教分離がきちんと決まっているのだから、そういうことは、今の憲法下においては絶対に無理なのです。

なおかつ、浅井が言っていることは「本化妙宗式目」にある内容、つまり勅命の「国立戒壇」であります。それは結局、どうしてできるかと浅井に言わせれば、憲法を改正すればよいのだと言うのですが、現実問題として今日《こんにち》の日本乃至《ないし》、世界の実情を見るに、簡単に憲法を改正することはできない。それはむしろ時代に逆行するという批難から、正しい布教の妨《さまた》げになるとも考えられます。しかし彼は、あくまでそういうことを言っておるのであります。

そこで少し話を戻して、昭和四十一年に池田が、

「本門の戒壇を建立せよとの御遺命も、目前にひかえた正本堂の建立によって事実上、達成される」（日蓮大聖人御書十大部講義　一―一〇五七ページ）

と言っているが、それまでは「実質的」と言っていた言葉が、ここで初めて「事実上」という言葉に変わっており、これからあとはずっと「事実上」ということになるのです。「実質的」ということの意味よりも、「事実」ということのほうが、なお強い意味があると思って使ったのでしょう。その意味が、この昭和四十一年七月の池田の言葉から出てきておるのであります。

さらに昭和四十二年一月にも、

「事実上の本門戒壇である正本堂の起工式」（大白蓮華　昭和四二年一月号一四ページ）

と言っている。

そして、同年一月二日に出されたものには、学会の教学部が「正本堂建立により、三大秘法抄に予言されたとおりの相貌《そうみょう》を具《そな》えた戒壇が建てられ、これが化儀の広布の実現である」というようなことを言っているのですが、(50)これもまた言い過ぎた言葉です。この「三大秘法抄に予言されたとおりの相貌」というのは事相なのであります。先程も言いましたように、「王法仏法に冥じ、仏法王法に合して、王臣一同に本門の三秘密の法を持つ」というのが事相であるにもかかわらず、正本堂がその相貌を具えた戒壇であると言い、また、それによって化儀の広布の実現であると、はっきり言い切ってしまっておるのです。

また昭和四十二年五月三日にも池田が、

「正本堂は（中略）事実上の本門戒壇」（大日蓮　昭和四二年六月号一三ページ）

であると言い、また、

「正本堂完成により、三大秘法が、ここにいちおう、成就したものといえる」

（同　一七ジ）

とも言っている。「いちおう」ならば「成就」などと、当たらないことを言わないほうがよいのだが、ずるいことに「いちおう、成就した」などと言っておるのです。

また池田は、昭和四十二年六月一日に、

「先日、猊下は『宗門はまさしく広宣流布だよ』と、満足そうなお顔で申されました」（同　昭和四二年七月号一二ジ）

ということを言って、日達上人のせいにしている。

そのあとも、妙信講と学会との論議のような形においては、あのころ観妙院日慈上人が総監であり、私が教学部長で、この二人がその間に入って、さんざん立ち会ったことがあるのです。その時でも、学会はずるいことに「日達上人がおっしゃっているのだ」などと言って、とにかく猊下を障壁《しょうへき》にする癖《くせ》がある。これは本当にそうです。そういうように、「猊下と言えば文句は言えないだろう」というのが学会のやり口だったのです。これもまた、激励と慰撫《いぶ》の大きなお心からのお言葉を口実にして、日達上人が「宗門はまさしく広宣流布だ」とおっしゃった、などと言っているわけであります。

次に、昭和四十二年七月十一日には日達上人も、「全民衆による戒壇の建立」という趣旨のことをおっしゃっている。[51] これは、現在の憲法下ですから当然のお言葉でしょう。そして同年九月十二日には、

「成仏の根本である本門の戒壇が建立せられる」（同　昭和四三年二月号一一ページ）

ということをおっしゃっております。

これは「成仏の根本」ということの上からの「本門の戒壇」との仰せですが、戒壇という意味は、その前やあとに付く言葉によって色々に解釈できるわけです。「本当の御遺命の戒壇」「最終の本門戒壇」と言う場合とは意味が違うでしょう。我々日蓮正宗は迹門ではなく、本門の教義なのですから、「本門の戒壇」と言っても、それが直ちに『三大秘法抄』『一期弘法抄』に示される御遺命の最終戒壇だということではない意味もあります。おそらく日達上人は、そのような意味において仰せになっていると拝するのであります。

ただ、昭和四十二年十月一日に、学会の教学部長であった小平芳平《よしへい》が「正本堂は事実上の本門戒壇であり、『三大秘法抄』における戒壇の文が事実となって現れる」という趣旨のことを言っている。[52] そして「あとは、不開門《あかずの》を開くまで」、つまり儀式はもう少しあと

だということでごまかしているのです。この「不開門を開く」ということは池田も盛んに言っていたが、[53]「正本堂は戒壇そのものであり、ただ儀式を行うまでは、もう少し期間があるのだ」というような意味で、なんとかうまくごまかしていたのであります。ともかく学会は、本当にずるいのです。

ところが、昭和四十二年十一月号の『大日蓮』に、正本堂建立発願式の特集として「載せるから何か書け」と言われたのです。それで高木伝道房、私、藤本栄道房（常徳院日潤能化）、椎名法英房（常妙院日澄上人）、大村寿顕房（常秀院日統上人）、菅野慈雲房（常観院日龍贈上人）等が書いているのですけれども、これが当時の空気に飲まれてしまっていて、だいたいそういう流れの上から発言をしてしまっているのです。空気というものは恐ろしいものですが、あのころはそういうものが色々とあったのです。

それからその翌年、八木信瑩房（常要院日照能化）も、

「正本堂建立の意義は、真の世界平和を建立する根本道場である（取意）」

（大白蓮華　昭和四三年九月号九九ページ）

と、これはなかなか、あのころとしてはうまいことを言っていると思います。

次は、昭和四十三年十月十二日の正本堂着工大法要における池田大作の言葉です。この大法要において、池田が、

「三大秘法抄のご遺命にいわく」（大日蓮　昭和四三年一一月号巻頭グラビア）

として、

「霊山浄土《りょうぜん》に似たらん最勝の地を尋ねて戒壇を建立すべき者か。時を待つべきのみ。事《じ》の戒法と申すは是《これ》なり。三国並びに一閻浮提《いちえんぶだい》の人懺悔《さんげ》滅罪の戒法のみならず、大梵天王《だいぼんてんのう》・帝釈《たいしゃく》等も来下《らいげ》して踏み給ふべき戒壇なり」（御書　一五九五㌻）

の御文を全部挙げて、

「この法華本門の戒壇たる正本堂の着工大法要」

（大日蓮　昭和四三年一一月号巻頭グラビア）

ということを言っている。ですから、正本堂がまさしく『三大秘法抄』に示される戒壇だと言っているのです。

ところが、これは私が平成三（一九九一）年一月にも指摘したところですが、正本堂落慶直前、和泉覚が創価学会理事長として「正本堂落慶の時を迎えて」という公式文書を

『聖教新聞』に掲載して、正本堂は直ちには御遺命の戒壇に当たらない旨を発表したのです。[54]しかし、池田本人がこれだけ言ってきたのだから、こういうことを和泉覚に文書を作らせて対応させるのではなく、反省するなら本人がはっきりすべきだということを述べたのである。これは学会問題が起きてすぐの時だけれども、そういうことが色々とありました。

そこで日達上人は、正本堂は総講頭である池田が発願主になっていますから、それにより本門戒壇がまさに建たんとしている、ということを言われているけれども、そこまでのことなのです。さらに妙信講に対しては「国立戒壇とか国教というようなことは御書に全くない」との旨を仰せであります。[55]

ここでまた、浅井が昭和四十五年三月二十五日に、宗務院に対して、第一回正本堂建設委員会での日達上人のお言葉について、

「いま猊下の御説法をつぶさに拝し奉るに『事の戒壇』なる文字はもとより、その義・意すら見られない。いやむしろ、よくよく拝せば否定すらしておられる」

（富士　昭和五〇年三月号三〇ページ）

ありますと言い、したがって「当局は正本堂を事の戒壇と承認するや否や」ということを言うのであります。

そこで、昭和四十五年四月六日の御霊宝虫払大法会《むしばらいだいほうえ》における『三大秘法抄』の戒壇についての御説法があるのです(56)。これは日達上人の御本意をお示しになったものだと、私は思うのであります。虫払大法会の説法ですから長い御説法でしたけれども、趣意は「『三大秘法抄』の戒壇は御本仏のお言葉であるから、私は未来の大理想として信じ奉る」ということをおっしゃっておるのです。要するに「未来の大理想」だから、御遺命の戒壇は未来のことだということです。

これは先程言い損《そこ》ねてしまいましたが、正本堂がそのものずばりの御遺命の戒壇か、そうではないのかということが一つの問題なのです。学会は妙信講の攻撃をうまくかわすため、「今はまだ、そうではない」と言うのです。ただ、このところがおもしろいのですが、今はそうではないけれども、将来その時が来れば、その建物になる。つまり結局のところ、正本堂自体は将来において『三大秘法抄』『一期弘法抄』の建物となるということです。それ以前には、正本堂はまさに『三大秘法抄』『一期弘法抄』の戒壇そのものずばりでなければならないと、学会の教学部も池田自身も言っていたのですが、この時点で学会は一往、そこまでは譲ったのです。だが、色々な面で引っ込んではきたけれども、最後の不開門を開く時、つまり儀式の時とか、あるいは本門寺に改称する時には、やはり正本堂自体が『一期弘法抄』の戒壇になる建物であるということは絶対に譲れない、というのが学会の方針だったのであります。けれども一往、今はまだ、その意義を含んでおるというような在り方なのです。

しかし、私どもはそうではなく、日達上人の御説法を拝すると、未来の大理想として信じ奉るということだから、あくまで未来なのです。つまり『三大秘法抄』『一期弘法抄』の戒壇は名実ともに未来であるが故に、正本堂はそうではないというのが御説法の内容であります。したがって、たしかに広布の相から言って『三大秘法抄』『一期弘法抄』の意義を含むということはあっても、その建物がそのまま『三大秘法抄』『一期弘法抄』の戒壇となるのは未来のことで、確定的ではないという意味で宗門は考えたいと思っていたし、また日達上人もそのようなお考えであらせられたと拝するのであります。その辺のところが非常に微妙だったのです。

ところが、実はこの前から浅井の横槍はずっとあったのだが、昭和四十五年四月に、谷口善太郎という共産党の代議士が衆議院で行った質問(57)について、所轄《しょかつ》の東京都知事から創価学会が照会を受けるということがありました。これは要するに、「国立戒壇ということを言っているけれども、これははたして憲法の上から言ってどうなのだ」というようなことの質問です。

それに対して学会が回答したのが、次の三つであります(58)。一つは「本門戒壇とは、民衆の中に仏法が広まり、一つの時代の潮流《ちょうりゅう》となったとき、信者の総意と供養によって建つ」ということ。次は「現在、建設中の正本堂は昭和四十七年十月十二日に完成予定で、これが本門戒壇にあたる」。三番目に「一時、本門戒壇を〝国立戒壇〟と呼称《こしょう》したことがあるが、本意は一で述べた通りである」と、考え方としては、国立ということがあったけれども、それを否定した形において、信徒によって建立することになったのであると言うのです。だから、さらに「これはあくまで宗門の事業であり、国家権力とは無関係である」と述べ、本門戒壇という意義はそこにあって、「国立」という在り方は大きな間違いだということを答えたのです。しかし、これは浅井の考え方とは違っているから、浅井は「国立戒壇を否定した、たいへんな間違いだ」ということを言っているわけだが、宗門のほうは日達上人が「今後は国立戒壇という名称は使用しない」ということをおっしゃったのであります[59]。

そこで日達上人が昭和四十五年四月二十二日の時局懇談会および同年四月二十七日の教師補任式において、正本堂はまだ出来ていなかったけれども、その定義についておっしゃったのであります[60]。これは、戒壇の御本尊が事であるから、戒壇の御本尊のまします所はいずこなりとも、場所にかかわらず事の戒壇であるということを御指南になったのです。

我々は、事の戒壇というと、やはり『一期弘法抄』『三大秘法抄』の戒壇であると思い込んでいたところがありました。そこで、日達上人から戒壇の大御本尊のまします所が事の戒壇だという御指南があったので、そのことについて、私と観妙院日慈上人が日達上人のところへお伺いに行ったことがあるのです。するとその時に、「これは御相伝である」ということの上から、特に「御戒壇説法」をお示しになったのであります。すなわち「御戒壇説法」において、

「本門戒壇建立の勝地は当地富士山なること疑いなし。また、その本堂に安置し奉る

大御本尊は今、眼前にましますことなれば、この所すなわちこれ本門事の戒壇、真の霊山、事の寂光土にして、もしこの霊場に詣でん輩《ともがら》は無始の罪障、速やかに消滅し」云々

ということがあるのです。そして、もう一つには日寛上人の『法華取要抄文段』の、

「広宣流布の時至れば一閻浮提の山寺等、皆嫡々《ちゃくちゃく》書写の本尊を安置す。其の処は皆是れ義理の戒壇なり。然《しか》りと雖《いえど》も仍《なお》是れ枝流にして、是れ根源に非《あら》ず。正《まさ》に本門戒壇の本尊所住の処、即《すなわ》ち是れ根源なり」（日寛上人御書文段　五四三ページ）

という御文を引かれておりました。そこでは「根源」ということは言われなかったけれども、そういう意味から事の戒壇ということを示されたのであります。

これらは無論、日達上人がお書きになった文ではなく、別の御先師がお書きになったもので、それを当時、総監であった観妙院日慈上人と私に見せられて、日達上人は「こういうような文からいって、事の戒壇と言ってもよいのだ」と仰せになったのです。だから、御戒壇様のましますが事の戒壇という意味になるのであります。

そうすると、日寛上人が仰せの『三大秘法抄』の「事の戒壇」と、御戒壇様まします所

の「事の戒壇」の二つがあることになり、紛《まぎ》らわしいという意味も出てきます。実際、浅井もそういうことを、そのあとにおいて盛んに言っていたわけです。しかし、日達上人は「現時における事の戒壇」というように仰せられているのです。つまり『三大秘法抄』の戒壇は未来における事の戒壇であり、現時における事の戒壇は御戒壇様がおわします所で、そこに大勢の人が参詣し、真剣な信心・唱題・折伏によって即身成仏の大きな功徳を得ることが、そのまま事の戒壇であるという意味の御指南もありました。このほかにも色々あったのですが、簡単に言えば、こういうお話があったのです。

さて、昭和四十七年二月には浅井昭衛が「事の戒壇」についての宗門の見解を変えるよう要求を出してきたのです。(61) 一つ目は「正本堂は三大秘法抄・一期弘法抄の御遺命の事の戒壇ではない」ということですが、これは以前から今日まで御戒壇様のましみます所、事の戒壇という御指南が本筋であります。二つ目が「正本堂は奉安殿の延長として、国立戒壇建立の日まで、大御本尊を厳護する堂宇である」という要求です。さらに三つ目は「御遺命の事の戒壇とは、一国広布の暁《あかつき》、富士山天母ヶ原に建立される国立の戒壇である」と主張するのです。この間ずっと、日達上人が宗門の公式決定として「国立」ということは言わないと言われておるのです。(62)にもかかわらず、あくまでこれに固執しているのでありま す。

そこで昭和四十七年四月二十八日に、日達上人は妙信講への色々な回答等の意味も含めて、正本堂の全面的な定義をお示しになったのであります。その「訓諭」には、

「正本堂は、一期弘法付嘱書並びに三大秘法抄の意義を含む現時における事の戒壇なり。即ち正本堂は広宣流布の暁に本門寺の戒壇たるべき大殿堂なり」

（大日蓮　昭和四七年六月号二ジペー）

ということを仰せであります。

このなかの「本門寺の戒壇たるべき大殿堂」というところが、また一つの解釈があるのです。「たるべき」ということは、そうであるべきということにおいては、現在はその意義を含んでいる建物だけれども、広布の時にはその建物がそのまま『一期弘法抄』の本門寺の戒壇になるのだという解釈と、そのようになるべく願望しておるところの意味との二つの解釈があるのです。つまり「本門寺の戒壇たるべく願うけれども、未来のことは判らない」という意味が、そこには含まれておるということなのです。この二つがあっ

て、それはどちらとも言えないという不定の意味で、こういうようなことをおっしゃったのではないかと思うのであります。

(48) 浅井昭衛『日蓮大聖人に背く日本は必ず亡ぶ』（平成一六年七月一六日発行）
(49) 池田大作　聖教新聞　昭和四〇年五月六日付
(50) 創価学会教学部編『仏教哲学大辞典』　三―九六二ページ「正本堂」の項
(51) 日達上人「法華講九州地区連合会大会」　大日蓮　昭和四二年九月号　三〇ページ
日達上人全集　一―三―三四三ページ
(52) 小平芳平「座談会　世紀の正本堂建立へ」
大白蓮華　昭和四二年一〇月号　三七、四二、四三ページ
(53) 池田大作　聖教新聞　昭和四〇年七月一五日付
同　昭和四〇年九月二二日付
(54) 和泉覚「正本堂落慶の時を迎えて」　聖教新聞　昭和四七年一〇月三日付
(55) 日達上人「時局懇談会」
『日達上人猊下御説法』（昭和四五年五月一二日・富士学林発行）一二三ページ
(56) 日達上人「霊宝虫払会」　『日達上人猊下御説法』　七ページ
(57) 谷口善太郎「宗教団体の政治活動に関する質問主意書」
衆議院ホームページ　http://www.shugiin.go.jp/internet/itdb_shitsumona.nsf/html/shitsumon/a063005.htm
(58) 佐藤榮作「衆議院議員谷口善太郎君提出　宗教団体の政治活動に関する質問に対する答

弁書」　衆議院ホームページ　http://www.shugiin.go.jp/internet/itdb_shitsumona.nsf/html/shitsumon/b063005.htm

(59) 日達上人「創価学会第三十三回本部総会」　大日蓮　昭和四五年六月号　一七ページ
日達上人全集　二―五―五〇〇ページ

(60) 日達上人「時局懇談会」　『日達上人猊下御説法』　一三～二四ページ
「教師補任式」　同　二七～三五ページ

(61) 浅井昭衛　富士　昭和四七年三月号　七ページ

(62) 日達上人「天生原・天生山・六万坊の名称と本宗の関係についての一考察」
大日蓮　昭和四五年九月号　一四ページ
日達上人全集　二―五―三二一ページ

㈣　創価学会の宗門支配の画策と宗門の対応

それから、とにかく昭和四十七年中は浅井の問題がずっと起こってきて、昭和四十九年には学会本部へ襲撃をかけたり、そのほか暴力事件を起こすような話があったり、さらに浅井の問題に関して日達上人の御指南を受けるという意味があったりと、とにかく色々なことがありました。それらのことは到底、一概には言えない、時間もありませんから申しませんが、これらの問題が終わったあと、特に昭和四十九年ごろのことだが、創価学会が色々な意味で宗門を実質的に支配しようとしたことがありました。正本堂も造ってやったし、みんな我々がやったではないかというような考え方から、宗門をことごとく支配しようとしたという不逞《ふてい》な心根が、たしかにあったわけです。

当時の大幹部に山崎正友氏と八尋《やひろ》頼雄がおり、山崎氏は池田の懐刀《ふところがたな》でしたが、まもなく学会と別れたあと、色々ないきさつがあったけれども、今は宗門の信徒となり、学会破折の急先鋒に立ってやっているのであります。しかし、八尋は今も学会の弁護士としてやっています。ともかく、昭和四十九年四月十二日の山崎・八尋の文書があって、そこに、

「本山の問題については、ほぼ全容をつかみましたが、今後どのように処理して行くかについて、二とおり考えられます。一つは、本山とはいずれ関係を清算せざるを得ないから、学会に火の粉がふりかからない範囲で、つまり、向う三年間の安全確保をはかり、その間、学会との関係ではいつでも清算できるようにしておくという方法であり、いま一つは、長期にわたる本山管理の仕掛けを今やっておいて、背後を固める

という方法です（中略）本山、正宗は、党や大学、あるいは民音以上に、学会にとっては存在価値のある外郭《がいかく》と思われ」

と言っているのです。本来、学会は総本山を根本とし、中心としての信心をする信徒団体ではないか。それが創価学会が中心であり、民音や公明党が創価学会を守るように、宗門も創価学会を守る存在価値があると言うのだから、これは実に逆さま極まる愚かな考え方でしょう。つまり「学会主、宗門従」ということが、ここにはっきり出ているのであります。

そして、

「そのための布石としては、⑴本山事務機構（法人事務、経理事務）の実質的支配⑵財政面の支配（学会依存度を高める）」

と、つまり「学会に袖《そで》を振られたら宗門はお手上げだから、何かあったら宗門を助けてください」というような体制を作らせておこうというのです。

これは私の時に実際にあったのですが、私が登座してしばらくした時に、平野恵万《よしかず》という、当時の創価学会登山部長が何度も目通りに来て、「近ごろ、どうもみんなお山に来る熱意がなくなっている」とか、妙なことをごちゃごちゃと話すのです。結局、あとで判ったことだが、あの男は「猊下に創価学会が有り難いということを知らせるために、そのような話をしたのだ」ということを、あとで言っていたらしいのです。また「場合によっては登山もやめようという考えがある」とか、「みんな池田先生を大切にしないと大変ですよ」という趣意も、たしかに私の所に来て言っていた。このことからも、このような宗門支配を目指す内容がよく解るのであります。

またその次に、

「(3)渉外面の支配　(4)信者に対する統率権の支配（宗制・宗規における法華講総講頭の権限の確立、海外布教権の確立等）　(5)墓地、典礼の執行権の委譲　(6)総代による末寺支配が必要です」

とあります。末寺の総代のほとんどが学会員であったことは、みんな承知していると思います。ある年代から最近は法華講員に総代を替えたけれども、ほとんどが学会の総代の時代がありました。ともかく、そういうようなことを言っておって、さらに、

「今回のとこは(1)(2)(3)を確立し更に(4)まで確立できるチャンスではあります。いずれ

にせよ、先生の高度の判断によって決せられるべきと思います」

というようなことを言っているわけです。

だから日達上人は、昭和四十九年四月二十五日の法華講連合会春季総登山会で、

「最近ある所では、新らしい本仏が出来たようなことを宣伝しておるということを薄々聞きました。大変に間違ったことであります」

（蓮華　昭和四九年五月号三五ジペー）

とおっしゃったのであります。この「ある所では、新らしい本仏が出来た」というのは池田のことです。そして、

「もしそうならば正宗の信仰ではありません。正宗の信徒とは言えません。そういう間違った教義をする人があるならば、法華講の人は身を以《もっ》てくい止めて頂きたい。これが法華講の使命と心得て頂きたい。法華講は実に日蓮正宗を護る所の人々である。日蓮正宗を心から信ずる所の人々であります。大聖人様以外に本仏があるなどと言ったらば、これは大変なことである。どうかそういうことを耳にしたならば、どうぞ『それは間違っておる』ということを言って頂きたい。どうか皆さんは、この信仰の

根本を間違わないで、信心に励んで頂きたい。広宣流布はしなければならん、けれども教義の間違った広宣流布をしたら大変であります」（同ページ）

という有名なお言葉があったのであります。このことは本当にそう思います。

ところが、最近でも「日蓮大聖人に続く法華経の行者が池田先生だ」ということを言っているのであります。[63]言い方は色々あるけれども、これはまさしく同じことです。

「本尊とは法華経の行者の一身の当体なり」（御書　一七七三ページ）

と『御義口伝』にあるように、法華経の行者とは本尊の意味であって、大聖人様お一人しかおられないのであります。それなのに「池田が大聖人に続く法華経の行者である」ということを言っているのであり、そういうところに創価学会の邪悪な考え方があるのです。

また北条浩が、日達上人にお目通りした際のことを記録して、池田大作に報告した文書があります。そこには、要するに「猊下の話は大変ひどいもので、これが猊下かと疑いたくなるほどである。また信心そのものを疑いたくなるほどひどいものでした」ということが書いてあるのですが、これは何も、日達上人は大作の犯した謗法やおかしなことをきちんとおっしゃったに過ぎないのです。それを池田にはこのように報告しているのです。これについてはあまりにひどいから全部を読むのはやめますが、そういう在り方もあったのであります。

それから、もう僧侶はいらないということを彼らが言い出したことがある[64]が、それについては日達上人が、昭和四十九年五月三十一日の寺族同心会の時に、

「今、我々出家しておる僧侶がいらないで廃止すれば、次の和合僧団の僧侶が出来る事になってしまう。何も変りはない、ただ現実を破壊せんが為にこれを云うのである」（蓮華　昭和四九年六月号八ページ）

とおっしゃっている。つまり、学会が現実を破壊せんがために僧侶がいらないということを言っておるということです。さらに続いて、

「大いに我々も考えて一層努力し、大聖人の仏法を本当に純粋に護っていかなければならない。謗法厳禁という事を考えなければならない。（中略）ただ大きくなればいい、大石寺はいろいろの生活が楽であればいいというような考えで皆いろいろの今までの法門のあり方、あるいは布教のあり方を忘れるという様な事があるならば、私は、どこまでも一人でもいいから本山を護りたいと思います。皆様も、大いにしっか

りと考えてもらいたい。富士宮のこれは信者ではないけれども、ある有名な人は大石寺は前々から言う通りに、軒《のき》を貸して母屋《おもや》を取られる様な事があるならば、大石寺の恥だけではない、富士宮の恥だという事を放言していたという事です。（中略）大いに反省し、大いに我々のいくべき道を考え、ただ表面に服従して、ただ大きくなる事を望まないでもっとよく信心をしていただきたい」（同ページ）

ということを、ここにおっしゃっておるのであります。

次に、昭和四十九年六月十八日の富士学林研究科開講式の時ですが、

「この辺でも、最近、人間革命が御書だということを盛んに言われてきております。私の耳にもしばしば入ってきています。又、誰れが本仏であるという言葉も、この近所で聞かれるのであって、私は非常に憂慮しています。（中略）日蓮正宗の教義が、一閻浮提に布衍《ふえん》していってこそ、広宣流布であるべきであります。日蓮正宗の教義でないものが、一閻浮提に広がっても、それは、広宣流布とは言えないのであります。皆様の時に、もし、日蓮正宗の教義でなし、大聖人の教義でないものが、世界に広がったからといって、決して、我々は喜ぶべきでないし、大聖人が、お喜びになると

は思いません。むしろ、正宗の精神が、なくなってしまった、消滅してしまったということになるので、非常に悲しいことであり、我々の責任は重大であります。（中略）どうか、一時の富貴《ふうき》を喜ばないで、大聖人の根本の仏法をどこまでも貫いて頂きたいと思います」（大日蓮　昭和四九年八月号一九ページ）

ということをおっしゃっております。学会は本当に『人間革命』が御書だと言っていましたが、考えてみればひどい話です。また、学会がたくさん来ていれば、葬式や法事などの形で多かれ少なかれ御供養が上がるでしょう。しかし、そのようなことよりも「大聖人の根本の仏法をどこまでも貫いて頂きたい」とおっしゃっておるのであります。

しかし日達上人御自身の上からは、昭和五十四年五月三日に、学会を最終的には許された御指南がありました(65)。そこでもって学会を許され、そのすぐ二カ月後に御遷化《せんげ》あそばされたのです。そして、その跡《あと》を私がお受けしたのですから、私としてはやはり日達上人が締め括られたところから出発しなければならなかったのです。だから、私はどこまでもその立場を尊重し、そこから出発したつもりであります。正信会の莫迦《ばか》な者どもは「私の言うことがしょっちゅうぐるぐる変わっている」とか、「今になって池田の悪口を言っている」などと言っているけれども、私はその時その時で正しい在り方を常に考えてきたつもりであります。

これはまた別のことだが、池田大作は浅井の抗議や色々な問題があって、結局、正本堂が御遺命の戒壇であると正面を切ってはっきりとは言えなくなったのです。そうしたなか、正本堂建立の記念の賞与御本尊についての問題がありました。この賞与御本尊は、昭和四十九年一月二日に、日達上人から池田大作に対して授与されたもので、その脇書《わきがき》には「賞本門事戒壇正本堂建立」と認《したた》められています。しかし池田は、それでも満足しなかったのでしょう。そこでさらに、この賞与御本尊に裏書きを書かせようとしたのです。この時学会は、「此の御本尊は正本堂が正《まさ》しく三大秘法抄に御遺命の事の戒壇為《た》ることの証明の本尊也」という原稿を持って要請してきたのです。このことからも、いかに池田大作が御遺命の戒壇ということに執着していたかということが解ります。日達上人がこういうことをお書きになれば、「池田大作が大聖人様の御遺命の戒壇をお造りしたのであり、それを時の御法主がきちんと証明されている」ということが万代にわたって残る、そういうようにしたかったのです。

しかし日達上人は、当時総監であった観妙院日慈上人や宗務院の役員等とも相談して、「此の御本尊は正本堂が正しく三大秘法抄に御遺命の事の戒壇であることを願って建立されたのを証明する本尊である」と書くことにされました。そして日達上人は、昭和四十九年九月二十日、最終的に賞与御本尊の裏に「此の御本尊は正本堂が正しく三大秘法抄に御遺命の事の戒壇に準じて建立されたことを証明する本尊也」と書かれたのです。「準じて」というのだから本物ではない。これを見た池田は、最後には怒っただろうと思うのです。それからまた色々なこともありましたが、池田には、どうしても日達上人が自分の思惑のままにならない、ということでの不平不満があったのであります。

それから池田は昭和四十七年十月十二日には、正本堂完成奉告大法要の慶讃の辞で、「大御本尊公開の時運《じうん》招来の為に奮迅《ふんじん》」（大日蓮　昭和四七年一二月号二三ページ）ということを言っているのです。つまり正本堂が出来て、「今度は公開だ、公開ということが広宣流布なのだ」と言うのだから、大御本尊を公開するという意味において、正本堂そのものが御遺命の事の戒壇となるという意味を、ここで言っておるわけであります。

そういう背景において、『国立戒壇論の誤りについて』のなかでも「現在は違うけれども未来においては、その戒壇が御遺命の戒壇でないということは必ずしも言えない」というような、今考えてみると言い過ぎにも思えるようなことを言ってしまっているのでありますゝ。だから、あの書を廃棄すべきかとも考えたけれども、私としては廃棄するべきではないと思ったわけです。やはり日達上人のもとで私が御奉公させていただいたのだし、当時の宗門の流れの上から、その時その時の事実は事実として、きちんと残しておいたほうがよいと思うのです。また正直に言いますと、やはりその当時は、私はそういうように書かざるをえなかったし、そういうようなことがあったのであります。

また広布第一章・第二章ということも、池田が言い出しています[66]。そして有名なことだが、昭和四十七年十月十二日の正本堂完成奉告大法要が終わってから、帰る信者に向かって「本日、七百年前の日蓮大聖人の御遺命が達成されました。ありがとう」という言葉を言わせたのです[67]。それを、宗門にはわからないように側近の者に命じて言わせたのだから、とにかくなんとしてでも御遺命の戒壇の達成ということに持っていきたかったということです。

それから、その翌年の昭和四十九年辺りに、先程言ったような陰謀が出てきます。さらに国際センターの話もあって、これは日達上人が断固としてお断りになったわけです。そのことを七月二十七日の「宗門の現況に関する説明、並びに指導会」でお話になっております。この国際センターを作るということは、その世界的な在り方の組織として創価学会インタナショナルのような組織があり、その全体のなかに日蓮正宗も入ってもらうというような形になるというのです。つまり日蓮正宗もその傘下に入ることになるというので、日達上人は一時、大変に心配をされておられました。そのほかにも色々とありましたが、とにかく学会は、あらゆる面からお山を自分たちの傘下にしようと画策していたのであります。

また、これは全然違う話だが、正本堂が出来たあと、日達上人の御在世中に、正本堂の御戒壇様の鍵を学会で管理したいと言ってきたことがありました。もちろん日達上人は断固としてお断りになったと聞いております。御戒壇様が学会に管理されてしまったら、もう学会のやりたい放題になって、大変なことになってしまったでしょう。そういうこともありました。

(63) 新階央「日顕宗の邪義を破す」『創価学会の仏法破壊の邪難を粉砕す』 一二四ページ
(64)「名字の言」 聖教新聞 昭和四九年五月二七日付
(65) 日達上人「創価学会第四十回本部総会」 蓮華 昭和五四年五月号 三七～四〇ページ 日達上人全集 二―五―六一九～六二二ページ
(66) 池田大作「正本堂完工式挨拶」 大日蓮 昭和四七年一二月号 五七～五八ページ
(67) 原島嵩『池田大作先生への手紙』 二四ページ

㈤ 妙信講（顕正会）の処分について

ほかにも様々なことがあり、先程の賞与御本尊の問題もあったけれども、昭和四十九年八月から十一月にかけて妙信講の処分という問題がありました(68)。結局、道理から言っても「国立戒壇」は誤りですから、『国立戒壇論の誤りについて』のなかにおいて「国立戒壇が間違いだ」と言ったことは正しかったと思っております。ただ「王法」の解釈と、正本堂の建物についてのことでは書き過ぎがあったという感じもしておるのですけれども、しかし、これもその当時の流れのなかで彼らを慰撫教導するという意味では、あのように書いたことはやむをえなかったと思っておるのであります。

それで浅井を処分し、それからあとは、浅井は宗門の者ではないということになっていますが、浅井たちはその色々ないきさつに関して裁判で訴えてきたのです。(69)その流れ等も色々ありましたが、このことに対しては藤本総監が当時の在り方のなかで色々と述べておるものがあります。(70)しかし、今はこれを省略いたします。

この浅井の言っておることのなかには、特に「天母原」ということがあるのですが、これについては、日寛上人も『報恩抄文段』に、

「富士山天生原《あもうがはら》に戒壇堂を建立する」（日寛上人御書文段　四六九ページ）

ということをおっしゃっているのです。それで浅井は「天母山《あんもやま》の戒壇」と言っているのです。(71)天母山というのは大石寺の東、四キロ強の所にある小高い山だけれども、あれも東側のほうは大石寺の所有になっています。

とにかく「天生原に戒壇堂を建立する」ということを御先師が仰せだけれども、このようなことをどなたが言い出されたかと言うと、文献的に確かなものはないのです。ただ、日興上人の書かれたという棟札が一つあって、その裏書きに「天母原」ということがあるけれども、これは日興上人の御筆ではありません。おそらく、あとから書かれたものであ

ると思います。

そこで、日達上人が色々とおっしゃったなかでは、「天生原」というのは富士山の山麓一帯を言うのであり、そのなかでも特に、縁あって本門戒壇の大御本尊を安置するところの総本山の場所が、その中心である。また、その意味から、由緒《ゆいしょ》ある建物、正本堂等はここに建つべきであるということをおっしゃっておったのであります(72)。

ところが、浅井はあくまで天母山だと言っております。そもそも「天母山」の場合は「天の母」と書くのに対して、日寛上人の『報恩抄文段』などは「天生原」と「生」の字が使ってあり、その文字の違いは内容的にも違うのです。だいいち、天母山は水の便も良くないだろうし、まあ掘れば水ぐらいは出るかもしれないが、山の上で偏狭《へんきょう》な所です。だから将来、広宣流布の時の大勢の参詣者を想定するという面から言っても、やはり不適当と思われます。

(68) 昭和四九年八月一二日　「宣告書」　大日蓮　昭和四九年九月号　八ページ
昭和四九年一〇年一四日　院第二四三四号　同　昭和四九年一二月号　一一ページ

昭和四九年一一月四日　院第二四三九号等　　同　昭和五〇年一月号　二ページ
日蓮正宗宗務院「元妙信講等処分の経過について」　同　昭和四九年一二月号　二三～三七ページ参照

(69) 昭和五二年五月六日　院第二七五三号「元妙信講等訴訟事件の解決について」
大日蓮　昭和五二年五月号　九ページ

(70) 藤本日潤　教師指導会「時局について」（平成九年八月二九日）
大日蓮　平成九年一〇月号　六七～六九ページ

(71) 浅井甚兵衛・浅井昭衛「正本堂に就き宗務御当局に糾し訴う」
富士　昭和五〇年三月号　二七ページ

(72) 日達上人「天生原・天生山・六万坊の名称と本宗の関係についての一考察」
大日蓮　昭和四五年九月号　一七～三二ページ
日達上人全集　二―五―三二五～三四四ページ

三、御遺命の本門戒壇建立を目指して

1、平成の創価学会問題の背景

さて、私が昭和五十四年にお跡を受け、それからずっと来た平成二年の夏に、法華講の大集会を開きました。あれは「三万総会」という名目で行ったのだけれども、実際には四万人以上が集まったのです。

それからさらに、その年の十月十三日には大石寺開創七百年の慶讃大法要が行われ、私はこの時の「慶讃文」で、

「一期弘法抄ニ云ク　国主此ノ法ヲ立テラルレバ富士山ニ本門寺ノ戒壇ヲ建立セラルベキナリ。時ヲ待ツベキノミ。事ノ戒法ト云フハ是ナリト。コノ深意ヲ拝考スルニ仏意ノ明鑑ニ基ク名実共ナル大本門寺ノ寺号公称ハ事ノ戒法ノ本義更ニ未来ニ於テ一天四海ニ光被セラルベキ妙法流布ノ力作因縁ニ依ルベシ」（大日蓮　平成二年一一月号八六ジペー）

ということを申しました。本門寺の公称は未来だということを述べたのです。この時の池田大作は、怒りたくても怒れないような、なんとも言えない顔をしておりました。大客殿では、私はちょうど東を向いているから見えたのです。そのあと彼も出てきて挨拶したけれども、その時の顔はなんだか見ていられないような顔でした。

けれども、私は信念を持っているのです。いくらなんでも、あのような間違った流れや様々な形のあったなかで、しかも池田のわがまま勝手な姿の色々と存するなかにおいて、今現在、直ちに「本門寺の戒壇」と称すべきではないと思っていました。しかし池田は、おそらくあの大石寺開創七百年慶讃大法要の時に、この私が「大石寺を本門寺と改称したい」とか、「改称する」と言うことを期待していたと思うのです。それなのに「未来のことだ」と言ったものだから、怒ったのでしょう。だけど色々な状況上、私は一宗を統率させていただくという意味において、安易に「本門寺と改称する」などとは言えないし、また、あそこで「本門寺にする」とか、「本門寺になる」というような意味のことを言わなくて、私はよかったと思っておるのであります。

ですから、「たるべき」ということも、あくまで願望・予想であり、したがって日達上人が「もう広宣流布だな」とおっしゃったというのも慰撫《いぶ》激励その他、色々な深い意味がおありになってのお言葉であり、直ちに御遺命達成と言われたのでは絶対にないと思うのです。だから、池田がこれを様々に利用してきたけれども、あくまでも願望であるということの上から、正本堂が御遺命の建物そのものではないということを、平成三年一月の教師指導会の時にも言いました。(73) これは前の平成二年の時の在り方から出てきておるのであります。

つまり、君たちも知っているように「一一・一六」という話があるでしょう。これは、この平成二年の十一月十六日のことです。この年の十月十三日に大石寺開創七百年の慶讃大法要で私の「慶讃文」を聞いて、池田は怒って、「よし、それならば日顕のやつをやっつけてしまえ」ということで私を誹謗したのが、約一カ月後の「一一・一六」の発言なのであり、池田の大謗法は歴然です。そのあとすぐ次の日に、雲仙普賢岳が噴火したというようなこともありました。そういう流れがあったのであります。

(73) 大日蓮　平成三年二月号　六二、八九ジ《ペー》

2、『国立戒壇論の誤りについて』『本門事の戒壇の本義』の二書と、戒壇の御文について

そこで、平成三年三月九日に私が色々と述べたことに関してですが、私が教学部長時代に書きました『国立戒壇論の誤りについて』と『本門事の戒壇の本義』という本があります。そのなかに、正本堂は広布の時に『一期弘法抄』『三大秘法抄』の戒壇となる建物だというように、その時はそう思って書いたけれども、現在においては不適当であると、これははっきり言っております。この時はまだ正本堂もありましたから当然、その願望は込めつつも、未来の一切は御仏意に委《ゆだ》ね奉るのであると言ったのであります。(74)

ところが平成三年の十二月八日に、池田大作は、

「正本堂には八百万の御供養者名簿がある。また正本堂を、日達上人は永久不滅の大功績と言われた。だから、だれびともこれを壊すことはできない。自分達が世界一の正本堂を大聖人へ御供養したのであるから、正本堂は私達民衆の殿堂と言い切る資格がある。これをハイジャックか何かのように乗っ取り、横取りし、我がもの顔に居座

る悪人が出現した（取意）」（聖教新聞　平成三年一二月一〇日付）という主旨のことを言っているのです。これは私のことを言っているのだが、私は横取りしたわけでも、なんでもないではありませんか。昭和五十四年からずっと総本山にいるのです。ただ平成二年十二月の終わりに法華講本部の機構を改正した時に、その付則として前の「宗規」によって任命された総講頭・大講頭等はいったん資格が喪失したに過ぎないのです。しかし、そういうことを言っているのです。

そしてまた「須弥壇の基底部に桐の箱を納めた」というようなことも言っているのだけれども、このうち日達上人のお衣や願文等、記念の品は現在、きちんとお山で保管してあります。[75]

それで、昭和四十七年の『国立戒壇論の誤りについて』と昭和五十一年の『本門事の戒壇の本義』は、先程から言っているように私が書いたけれども、そこにはたしかに、戒壇の建物は広布完成前に建ててよいとか、正本堂が広布時の戒壇の建物と想定するような、今から見れば言い過ぎやはみ出しがあるけれども、これはあくまで正本堂の意義を『三大秘法抄』の戒壇に作り上げようとした創価学会の背景によらざるをえなかったのです。つまり、あの二書は正本堂が出来る時と出来たあとだったが、浅井の色々な問題に対処することも含めておるわけで、強いて言えば全部、正本堂そのものに関してのことなのであります。そういうことですから、正本堂がなくなった現在、その意義について論ずることは、はっきり言って、全くの空論であると言ってよいと思います。

あのなかでは、王法や勅宣・御教書に対する解釈を述べるなかで、「建築許可証」というようにも書いてしまってある。(76)これは当時の在り方において、学会からの具申的な勧誘もあり、私がそのように書いてしまったのです。けれども、今考えてみると、やはり今は、勅宣・御教書は、その現代的な拝し方としても、そういう軽々しいものとして考えるべきではなく、もっと深い背景的意義を拝すべきと思うのです。

それから『一期弘法抄』の「国主」ということの考え方、これもそうです。今は国民主権だから、国主というのは今ではたしかに民衆なのです。けれども、政治の在り方等というものは、いつどこでどう変わるか、未来のことは判りません。日達上人も「未来のことは判らない」ということをおっしゃっておりました。

とすれば、我々は本当に全人類を救済するという大目標の上において、御本仏大聖人様が最後に御遺誡、また御命題として我々にお残しくださった『三大秘法抄』『一期弘法抄』の「戒壇」の文については、軽々に論ずるべきではないと思います。もちろん今、ある時点を予測して考えれば色々なことを言えるけれども、将来どう変わるかということは本当に判りません。だいいち、日本の現在の民主主義の形だって、憲法だって、将来どう変わるか判らない。だから、そんなことに関して今、具体的な形で言う必要はないのです。根本において、戒壇というのは事相だということを、大聖人もおっしゃっておりますように、事相なのだから、実際の相というものはその時でなければ明確には顕れません。よって『三大秘法抄』『一期弘法抄』の戒壇ということは、まさにその時が来た時に、本門戒壇の大御本尊様を根本と拝しつつ、その時の御法主がその時の実状に即した形で最終の戒壇を建立するのだと、私どもは信ずべきであると思うのであります。

(74) 大日蓮　平成三年四月号　二九ページ
(75) 池田大作　聖教新聞　平成三年一二月一〇日付
(76) 『本門事の戒壇の本義』　二一ページ
大日蓮　昭和五一年三月号　四三ページ

3、正本堂の解体と奉安堂について

そこでまた、なぜ正本堂を壊したのだということですけれども、やはり創価学会のあのような謗法の姿が平成二年、三年から出てきて、しかも正本堂の発願主である池田大作は、平成四年に既に信徒除名されているのです。たしかに日達上人も御苦労あそばされ、正本堂のことに関しては大聖人様への御奉公のお心をもって真剣にあそばされたけれども、今日の状況から見るならば、結局、総本山に正本堂が存在することは広宣流布への大きな妨げとなるということに、一言もって尽きると思います。したがって、このような謗法の姿があるのであり、まして正本堂が『三大秘法抄』『一期弘法抄』の意義を含むと言っても、それは大勢の信徒が本当に御戒壇様を拝する姿があって初めて、そう言えるのであります。しかし現在、その姿は全然なくなっているではないか。最近では、戒壇の大御本尊様にすら疑いや文句を付けているようなことも聞いています。そういうような莫迦な者どもが今日、大勢充満しているような姿があり、しかも「我々が造ったのだ」と言って威張り返っているような意味においては、正本堂はやはり未来の真の正法広布の妨げになると思えるのであります。そこで大客殿に続いて正本堂を解体し、奉安堂を造らせていただいた次第であります。

この奉安堂については、池田大作が正本堂に関して『三大秘法抄』だ『一期弘法抄』だと言って強《し》いて意義付けしたようなことは、私は何も言っていないし、宗門でももちろん言っていません。奉安堂は、ただ戒壇の大御本尊様の安置の殿堂であります。しかし、今日においてはあれ位の大きさがないと、実際問題として困るのです。今年も例年同様、信徒の夏期講習会が十回にわたって行われましたが、だいたい四千から五千人、多い時だと五千数百人の方が、その日一日で来ておるわけです。そういう面からも、かなり大きい建物でないと、今の法華講の方々の信仰心による参詣行事等の対応の必要性においては不適当な意味もあります。したがって、敢《あ》えてそういう大きさの奉安堂をお造りさせていただいたわけであります。

4、「御戒壇説法」について

さて、この奉安堂においても、日達上人の時と同じように「御戒壇説法」があります。これはもちろん二大法要の時にだけ行う例になっておりますから、今日も行わなかったし、普段は行いません。しかし、昔はそうではなかったのです。このことを知る人も、ここにはいないだろうけれども、昔、まだ私が小僧から所化のころ、御宝蔵で御開扉をお受けしました。だいたい、総本山第六十世日開上人から第六十二世日恭上人のころで、戦前の話だが、そのころはしょっちゅう「御戒壇説法」があったのです。

例えば、ある日は十人なら十人、十五人なら十五人の登山者があると、そのなかに初登山者がいる場合には、それを内事部で聞いておいて、きちんと御法主に報告するのです。すると、初登山者が一人でも二人でもある時には必ず、御法主が「御戒壇説法」をされたわけです。もっとも、今は大勢だから「あなたは初登山ですか」と一々聞くのも大変だから難しい意味もあります。とにかく、昔はそういうように「御戒壇説法」をしたのです。

その時の「御戒壇説法」は、私もだいたい伺っておったのですが、そのなかには「この所すなわちこれ本門事の戒壇」という御文はありませんでした。ところが、先程話したように、私と観妙院日慈上人が宗務院の役員として日達上人に伺った時には、日達上人が御先師の説法本をお示しになり、そこには「この所すなわちこれ本門事の戒壇」というお言葉があったのです。

それから、もう亡くなったけれども、日開上人の弟子で私の法類に奥法道という人がいまして、この人が非常に書き物が好きな人で、ありとあらゆるものを書き写していました。その奥法道師の写本のなかに、日開上人の「御戒壇説法」[77]というものがあったのです。今でもどこかに残っていると思いますが、そのなかには、ちゃんとその文があるのであります。ところが、またおもしろいことに、日開上人が当職の当時は、「御戒壇説法」を扇子にずっと書かれていたのです。たしか金銀の扇子だったが、それを開くとずっと墨で書かれてあって、それを読まれていました。しかし、これは割に簡単な御説法で、それには先程の御文はなかったのです。小僧のころだったが、私も聞いていて、「本門事の戒壇」ということはたしかにありませんでした。また御先師の日應上人の「御戒壇説法」にもないのです。だから、いつ、どこで、どなたが、どう始められたかは判らないが、六十世日開上人の写本としてはあったのです。もう一つは、日達上人が我々にお示しくださった御先師の御説法本のなかに、それがあるということです。よって、先程の意味から言っても、また日達上人のあらゆる点からの御指南から言っても、本門戒壇の大御本尊のおわします所が事の戒壇という御指南は、たしかにそのとおりだと思います。

ただ、私が今考えていることは、今日こういう話をすることは一つのけじめだということを言ったけれども、やはり今日は創価学会の、一時、八百万とも称したような人数が御戒壇様に御参詣するような状態ではない。しかし三十万の総登山があったように、これからさらに未来に向かって、日達上人が仰せの「因の広宣流布」[78]に向かっての行業を進めるわけであります。要は、日寛上人が『法華取要抄文段』で、

「広宣流布の時至れば一閻浮提の山寺等、皆嫡々《ちゃくちゃく》書写の本尊を安置す。其《そ》の処は皆是《こ》れ義理の戒壇なり。然《しか》りと雖《いえど》も仍《なお》是れ枝流にして、是れ根源に非《あら》ず。正《まさ》に本門戒壇の本尊所住《しょじゅう》の処、即《すなわ》ち是れ根源なり」（日寛上人御書文段　五四三ページ）

とおっしゃっておりますが、この「根源」というところに当然、深い意味があるのであり、つまり本門戒壇の大御本尊まします所が根源なりとおっしゃっているわけです。だか

ら、「御戒壇説法」の「この所すなわちこれ本門事の戒壇、真の霊山、事の寂光土」ということについては、「この所すなわちこれ本門根源事の戒壇、真の霊山、事の寂光土」というように、「本門」と「事の戒壇」との間に「根源」という文字をお入れすることが、現時においては適切ではなかろうかと、私は思うのです。もちろん、これは「御戒壇説法」の時のことであって、普段からそういうような意味の定義だということではないのだけれども、しかし考えてみると、「本門根源事の戒壇、真の霊山、事の寂光土」ということだから、意味としては、事の戒壇であることを否定しているわけでは絶対にないのです。ただ「根源」の二字が「本門」と「事の戒壇」の間に入ることにおいて、日寛上人が「本門戒壇の大御本尊の所は根源である」と仰せになった意味を、そのままお受けするということです。このことは一年に二回だけのことではありますが、そういう意味で考えております。

(77) 日開上人「御戒壇説法」　日開上人全集　四〜七ページ

(78) 日達上人「時局懇談会」　『日達上人猊下御説法』　一九ページ

5、一天広布による御遺命の実現へ

ではそれならば、未来における広布の上からの『三大秘法抄』『一期弘法抄』の事の戒壇の目標と、その戒壇の建物というのはいったい、どういうものかと言うと、これは今、論ずるべきことではありません。それこそ本当に不毛の論であります。しかし考えてみれば、今もイスラム教の聖跡を巡拝する信徒たちの数たるや、すごいものがありますが、将来、一日に二万、三万、五万以上の大勢の人が総本山に参拝するような形があると、大聖人様の御仏意の上から一往考えるならば、奉安堂は小さいものだと思うのです。だから、その時になればまた、建築技術も進展しているでしょうし、いくらでも大きい物を造ればよいのです。

要するに、御遺命の戒壇は『一期弘法抄』の「本門寺の戒壇」ということであります。だから未来の戒壇については「御遺命の戒壇である」ということでよいと思うのです。そして、その御遺命の戒壇とは、すなわち本門寺の戒壇である。さらに本門寺の戒壇ということについて、浅井たちは「国立戒壇」と言っているけれども、御遺命という上からの一つの考え方として「国主立戒壇」という呼称は、意義を論ずるときに、ある程度言ってもよいのではなかろうかと思うのです。なぜならば、大聖人様の『一期弘法抄』に、

「国主此の法を立てらるれば」(御書 一六七五ページ)

とありますが、国主が立てるというお言葉は、そのものまさに「国主立」でしょう。国主立とは、『一期弘法抄』の御文のそのものずばりなのであります。

また同時に、その内容を考えてみたとき、今は主権在民だから国主は国民としたならば、こういう主旨のことは日達上人も仰せになっているし、学会も「国立戒壇」に対する意味において色々と言ってはいたわけです。だから国主が国民であるならば、国民が総意において戒壇を建立するということになり、国民の総意でもって造るのだから、そういう時は憲法改正も何もなく行われることもありうるでしょう。ところが、「国立戒壇」ということにこだわるから、あくまで国が造るということになり、国が造るとなると直ちに国の法律に抵触するから、どうしても憲法改正ということを言わなければならないような意味が出て、事実、浅井もそのように言っているわけです。だから国主立、いわゆる人格的な意味において国民全体の総意で行うということであるならば、憲法はどうであろうと、

みんながその気持ちをもって、あらゆる面からの協力によって造ればよいことになります。要は、正法広布の御遺命を拝して、倦《う》まず弛《たゆ》まず広布への精進を尽くすことが肝要であります。

しかし、私は「国主立ということを言いなさい」と言っているわけではありません。ただ私は、御遺命から言って、国主立という言い方もできるのではなかろうかという意味で言っているだけで、正規に大聖人が我々に示され、命令された御戒壇は何かと言えば御遺命の戒壇、いわゆる本門寺の戒壇であります。そして、これは本門寺が出来た時に行うということです。ですから、正しい御遺命の意義における本門寺は、まだ当分は出来ないだろうけれども、これからの我々の信心修行、折伏の成果において具体的に現れてくるということを、強固な意志を持って考えていきたいと思うのであります。

以上をもって本日の話を終わりとします。

（付録） 略年表

※各項目の亀甲括弧内の数字は、本書の頁と本文の行数を示す

年号	西暦	月日	宗門	創価学会・顕正会
昭和30	1955	10月27日	日淳上人『初心者への指針 興尊雪冤録の妄説を破す』にて「正本堂」の語を使用〔41—11〕	
		11月23日	奉安殿建立	
昭和32	1957	8月3日		妙信講 法道会法華講から分立
昭和33	1958	1月15日		妙信講 妙縁寺所属の法華講支部として認証される
		3月1日	大講堂建立	
		4月2日		戸田城聖 卒
昭和34	1959	11月17日	日淳上人 御遷化	
		12月2日	日達上人 御登座	

年号	西暦	月日	宗門	創価学会・顕正会
昭和35	1960	5月3日		池田大作　創価学会三代会長に就任
昭和39	1964	4月1日	大客殿建立 日達上人　池田大作を法華講総講頭に任命	
		5月3日		池田大作　正本堂の建立寄進を発表〔46—8〕
昭和40	1965	2月16日	第一回正本堂建設委員会〔47—6〕	
		5月25日		浅井昭衛　正本堂建立に全講を挙げて御供養する旨発言〔56—2〕
		10月2〜3日		妙信講　正本堂建立御供養に参加
		10月9〜12日	正本堂建立御供養	

年号	西暦	月日	宗門	創価学会・顕正会
昭和42	1967	10月12日	正本堂建立発願式	
昭和43	1968	10月12日	正本堂着工大法要	池田大作　正本堂が『三大秘法抄』に示される法華本門の戒壇たる旨発言〔66—1〕
昭和45	1970	3月25日		妙信講　「正本堂に就き宗務御当局に糾し訴う」を早瀬総監に提出〔67—10〕
		4月6日	日達上人　虫払会で『三大秘法抄』の戒壇について御説法〔68—3〕	
		5月3日	日達上人　国立戒壇の名称を今後使用しない旨御指南〔71—2〕	
昭和47	1972	4月28日	日達上人　正本堂の意義について訓諭〔74—3〕	
		6月12日	『国立戒壇論の誤りについて』刊〔59—2、86—14、97—10〕	

年号	西暦	月日	宗門	創価学会・顕正会
昭和47	1972	10月1日	正本堂完工式	
		10月7日	大御本尊　奉安殿より正本堂へ御遷座	
		10月11～17日	正本堂落成慶讃大法要	
昭和48	1973	5月11日		妙信講　登山を申請し御開扉を願う
昭和49	1974	1月2日	日達上人　池田大作に正本堂賞与御本尊を授与〔85—5〕	
		4月8日		妙信講　再度、登山を申請し御開扉を願う
		4月12日		創価学会　宗門支配を画策（山崎・八尋報告書「本山について」）〔77—8〕
		4月～5月頃		創価学会　正本堂賞与御本尊に裏書きを要請〔85—8〕

年号	西暦	月日	宗門	創価学会・顕正会
昭和49	1974	5月10日		創価学会　宗門からの分離独立を画策（北条報告書「本山の件」）〔81—10〕
		6月18日		創価学会　宗門からの分離独立を画策（北条報告書「宗門の件」）
		8月12日		妙信講　講中解散処分
		9月20日	日達上人　正本堂賞与御本尊に裏書きを認められる〔86—3〕	
		10月31日		元妙信講講員　信徒地位喪失
		11月4日		元妙信講幹部三十三名　除名処分
昭和51	1976	2月16日	『本門事の戒壇の本義』刊	

年号	西暦	月日	宗門	創価学会・顕正会
昭和52	1977	1月15日		池田大作　「仏教史観を語る」を講演、教義逸脱問題表面化（昭和五十二年路線）
昭和53	1978	6月30日		創価学会「教学上の基本問題について」と題し、宗門の質問書に対する回答を聖教新聞に掲載
		11月7日		池田大作　創価学会五十二年路線問題について謝罪（通称「お詫び登山」）
昭和54	1979	4月24日		池田大作　創価学会会長を辞任し名誉会長となる 北条浩　創価学会四代会長に就任
		4月26日		池田大作　法華講総講頭を辞任し名誉総講頭となる

年号	西暦	月日	宗門	創価学会・顕正会
昭和54	1979	5月3日	日達上人　創価学会第四十回本部総会において、五十二年路線問題を収束される〔84—9〕	
		7月22日	日達上人　御遷化 日顕上人　御登座	
		8月21日	日顕上人　御登座に当たり訓諭	
		10月8日	宗務院　院達をもって宗内僧俗の進むべき方途を示す	
昭和55	1980	4月2日		池田大作　「恩師の二十三回忌に思う」で五十二年路線問題につき反省懺悔を表明
		11月26日	日顕上人　創価学会創立五十周年記念幹部登山において五十二年路線問題につき重ねて御指南	
昭和56	1981	7月18日		北条浩　卒 秋谷栄之助　創価学会五代会長に就任

年号	西暦	月日	宗門	創価学会・顕正会
昭和56	1981	10月10〜16日	宗祖日蓮大聖人第七百遠忌大法会	
昭和57	1982	10月9日		妙信講「日蓮正宗顕正会」と自称
昭和59	1984	1月2日	池田大作を法華講総講頭に再任	
平成2	1990	7月17日		創価学会　宗門との連絡会議において宗門を一方的に非難中傷（創価学会問題表面化）
		7月29日	法華講連合会第二十七回総会（三万総登山）	
		10月6〜7日	大石寺開創七百年慶讃大法要（初会）	
		10月12〜13日	大石寺開創七百年慶讃大法要（本会）〔93—6〕	
		11月16日		池田大作　創価学会第三十五回本部幹部会において猊下・宗門を誹謗（五十二年逸脱路線無反省を露呈）〔95—7〕

年号	西暦	月日	宗門	創価学会・顕正会
平成2	1990	12月13日	宗務院　創価学会との連絡会議において十一月十六日の池田発言につき「お尋ね」文書を学会に提出（創価学会　受領拒絶）	
		12月16日	宗務院　十二月十三日付「お尋ね」文書を創価学会へ送付	
		12月23日		創価学会　「お尋ね」文書に対し事実無根の内容を含む「お伺い」文書をもって応ず
		12月26日	宗務院　「お尋ね」文書に対して回答する意志なしと判断した旨を創価学会へ通知	
		12月27日	第百三十臨時宗会　宗規一部改正を議決　改正にともない現任の総講頭・大講頭は資格を喪失〔97—4〕	
		12月29日	宗務院　十二月二十三日付「お伺い」文書に対する回答を創価学会に送付	

年号	西暦	月日	宗門	創価学会・顕正会
平成3	1991	1月		創価学会　組織を挙げて宗門への誹謗を開始
		1月6・10日	宗務院　創価学会問題につき教師指導会を大石寺に開催 日顕上人　正本堂の問題を御指南〔66—13〕	
		2月27日		秋谷栄之助他十二名　一月の教師指導会における正本堂の意義に関する御指南に対し「お伺い書」を日顕上人に送付
		3月5日	宗務院　海外信徒の組織及び指導についてＳＧＩ（創価学会インタナショナル）一任を廃止	
		3月9日	日顕上人　二月二十七日付「お伺い書」につき回答書を創価学会に送付し、宗内僧俗への教示とする〔96—3〕	
		3月30日		秋谷栄之助他十二名　再度「お伺い書」を宗務院に送付

年号	西暦	月日	宗門	創価学会・顕正会
平成3	1991	7月2日	創価学会の運営による月例登山会を廃止 改正登山方式による添書登山を開始	
		11月7日	創価学会・SGIに対し解散を勧告	
		11月28日	創価学会・SGIに対し破門を通告	
		12月25日	『正本堂の御指南に対する創価学会の「再お伺い書」の問難を破す』刊	
平成4	1992	8月11日		池田大作　信徒除名
平成5	1993	10月1日		創価学会　ニセ本尊の作製配布を開始
平成6	1994	2月16日	日顕上人　未来の大目標たる戒壇の実現に向かって大前進すべき旨訓諭	
		7月24日	地涌六万大総会（法華講連合会第三十一回総会）を大石寺に開催	
平成8	1996	11月18日		顕正会　宗教法人を取得

年号	西暦	月日	宗門	創価学会・顕正会
平成8	1996	12月22日		顕正会　通称を再度改め「冨士大石寺顕正会」と自称
平成9	1997	12月1日	宗務行政措置を実施	創価学会員の日蓮正宗檀信徒資格が喪失
平成10	1998	3月25日	客殿新築落慶大法要	
		4月5日	大御本尊　正本堂より奉安殿へ御遷座	
		6月	正本堂解体工事開始〔100―2〕	
平成11	1999	7月31日	正本堂解体工事完了	
平成12	2000	4月28日	奉安堂着工法要	
平成14	2002	4月27～28日	宗旨建立七百五十年慶祝記念特別大法要	
		10月10日	大御本尊　奉安殿より奉安堂へ御遷座	
		10月12日	奉安堂落慶大法要	
平成16	2004	8月26日	日顕上人　教師講習会において戒壇問題について御指南（当講義）	